Hella Henckel

DEKO Lust

Geschenke, Deko- und
Festideen zum Selbermachen

BLOOM'S

„Wenn Blumen, gleichgültig welcher Farben und Formen, zusammenstehen, kann niemals ein Bild der Disharmonie entstehen.“

sagte schon der berühmte holländische Maler Vincent van Gogh (1853–1890).

Und so sind es die **Farben** und **Formen** der **Natur,** die uns das Glück, die Freude und Harmonie ins Leben bringen. Erfreuen Sie sich an der Vielfalt unserer **Dekorationsideen** mit **Blumen** und lassen Sie sich anregen, selbst zu gestalten. Hier finden Sie weit über tausend Ideen zum Selbermachen, die Ihnen und Ihren Liebsten ein **Lächeln** aufs Gesicht zaubern!

Foto: Swapan - Fotolia.com

Foto: Doris oberfrank-list · Fotolia.com

Inhalt

Kreative Ideen für den Frühling

Kreative Ideen für den Sommer

Kreative Ideen für den Herbst

Kreative Ideen für den Winter

Foto: scol22 - Fotolia.com

Von der Freude an der erwachenden Frühlingsnatur

Kreative Ideen für den

Frühling

Winter adé!

So locken Sie den Frühling hervor

Haben Sie's schon gemerkt? Die ersten Blüten wagen sich zaghaft aus der Erde! Holen Sie sich mit Sträußen und Gestecken den Frühling ins Haus und trotzen Sie den letzten kalten und grauen Tagen mit bunter Power!

Links: Aus der Mitte der wintergrauen Zweige brechen bunte Tulpen, Ranunkeln und Osterglocken hervor – Puristen lieben die klare Form des Gestecks.

Oben: Edel und üppig, der Strauß aus Hyazinthen, Tulpen, Anemonen, Ranunkeln und Narzissen. Nur ein paar getrocknete Blätter erinnern noch an den unwirtlichen Winter.

Oben: Aufbruch in den Lenz. Narzissen und Hyazinthen recken ihre Blüten aus Styroporkugeln ans Licht. Mit Ton ummantelt, zeigen sie kleine Risse, wie zum Beweis, wie viel Kraft in den Zwiebeln steckt.

Links: Als würde es aus dem laubbedeckten Boden blühen: Traubenhyazinthen, Tulpen, Schneeglöckchen, Anemonen, Narzissen und Christrosen bahnen sich ihren Weg.

Rechts: Natürlicher Look ganz geradlinig. Aus einem quaderförmigen Gefäß wachsen Krokusse, die eingesteckte Weidenzweige zusätzlich schmücken.

Himmelblaue Frühlingsträume

Machen Sie einfach mal blau! Denn nichts bringt so viel Frische und Harmonie in die Runde wie die Farbe des Himmels und der ersten Blüten. Wir zeigen die schönsten Ideen für den Tisch.

Steckschaum in Blau, Weiß und Grün ist die Basis für das Gesteck, das zum Mittelpunkt der Frühlingstafel wird. Zwischen Schneeball und Tazetten in Weiß blühen die zauberhaften Traubenhyazinthen.

Oben: Festliches Licht im Streifenlook. Steckschaum und Granulat nehmen das Thema der Tischdekoration auf und sind der Rahmen für eine himmelblaue Stumpenkerze, die von Blüten umrankt wird. Unten: Eine runde Sache ist die Mooskugel, in deren Steckschaumkern neben Frühlingsblüten auch zarte Federn und kleine Zwiebeln stecken. In der frischen Farbkombi Weiß und Blau holt sie den Lenz an den Tisch.

Flatterhafte blaue Bänder geben verschiedensten Gefäßen den passenden einheitlichen Look. Ein Topf Traubenhyazinthen hineingestellt, Zweige und Wachteleier dazu und fertig ist der schnell gemachte Hingucker.

Wenn sie ihre Blütenköpfe der Sonne entgegenstrecken, ist der Frühling im Garten eingezogen. Wir zeigen Ihnen, wie Sie ihn mit leuchtenden Sträußen und Gestecken auch ins Haus locken. Da lässt sich der Lenz garantiert nicht zweimal bitten!

Narzissen

Fröhliche Boten des Frühlings

Linke Seite: Warum Narzissen nicht mal in Henkelbecher statt Töpfe pflanzen? Vielleicht als Dekoration für die nächste Kaffeetafel? Kleine Kränzchen aus Steckzwiebeln, Weide und Buchsbaum schmücken zusätzlich.

Rechts: Da gibt es was zu entdecken! Zwischen gelben gefüllten und weißen Narzissen haben sich angedrahtete Blumenzwiebeln versteckt und leuchten orangefarbene Milchsternblüten.

Unten: Wie durch ein Dickicht bahnen sich die zweifarbigen Narzissen ihren Weg. Die gebogenen Hartriegelzweige sind mit schmalem Band am Topf befestigt und sorgen für den richtigen Schwung.

Ganz im Naturlook! Der bunte Mix aus weiß-orangen und gelben Narzissen hat in einer mit Flechten beklebten Schale ein neues Zuhause gefunden. So zieht der Frühlingsgarten ins Haus.

Wissens gewusst wert

! Einmal in den Boden gesteckt, erfreuen uns Narzissen jedes Jahr aufs Neue mit ihren herrlichen gelben, weißen oder auch mehrfarbigen Blüten. Sie können jahrelang am selben Platz im Boden bleiben und müssen nicht umgesetzt werden, um ihre Blühfreude zu erhalten.

! Je nach Sorte blühen Narzissen von März bis Mai und werden zehn bis 40 Zentimeter hoch. Sie sind sonnenhungrig, vertragen aber auch leichten Schatten. Die beste Pflanzzeit ist der September.

! Kleinere Narzissensorten eignen sich auch für Balkonkästen. Hier sollten sie ebenfalls im September fünf bis zehn Zentimeter tief in die Erde gesteckt werden, möglichst mit einem Pflanzabstand von sechs bis zehn Zentimetern.

! Als Schnittblumen sondern Narzissen einen Saft aus, der für andere Blumen schädlich ist. Bevor man sie also gemeinsam in einer Vase arrangiert, sollten Narzissen etwa einen Tag lang alleine im Wasser stehen, um das Gift auszuschwemmen.

Jetzt wird's aber bunt! Zwiebelblüher in kräftigen Farben finden ihren Lieblingsplatz in Gefäßen, die eigentlich mal eine ganz andere Aufgabe hatten. Für alle, die Überraschungen lieben!

Buntes Sammelsurium

So holen Sie sich den Frühling ins Haus

Links: Die Menge macht's! Die quietschbunte Kombination aus Töpfen und Pflanzen sorgt garantiert für gute Laune, sogar an trüben Tagen.

Fotos: IZB

Links oben: In einem Lederkorb blühen Narzissen, Krokusse, Hyazinthen und Tulpen. Vor dem Pflanzen das Gefäß gut mit fester Folie auskleiden!

Links: Tea time? Wo sonst Darjeeling und Assam dampfen, duften jetzt Hyazinthen in Pink und Schachbrettblumen.

Oben: Was gibt's denn heut' zu essen? Nichts, denn der Kochtopf wird für Krokusse, Hyazinthen, Traubenhyazinthen und Tulpen gebraucht.

Links: Backe, backe, Blume! Mit knackig gelben Krokussen gefüllt, ist die Gugelhupfform genauso süß wie mit Schokoladenteig.

Blütenromanze

Mit Hyazinthen kommt der Duft des Frühlings

Die Blütenfülle und der Duft von Hyazinthen gehört zu den ersten Verheißungen der wiedererwachenden Natur. Feiern Sie mit den verführerischen Pflanzen das Ende des Winters!

Geliebte Klassiker. In Hyazinthengläsern kann man das Wachsen der Pflanze täglich beobachten und fiebert dem Tag entgegen, an dem die Blüte das Hütchen abwirft. Wir haben sie aus Metallfolie gebastelt und mit romantischer Spitze verziert.

Aus dem Gläserschrank ins Blickfeld gerückt: Hyazinthen in Lila und Weiß und dekorative Federn, die für Leichtigkeit sorgen, werden zum verspielten Ensemble.

Unter die Haube gebracht! Ins Glas gestellte Hyazinthen, Moos und Schneckenhäuser werden zum frühlingshaften Stilleben. Zarte Bänder und ein Kränzchen aus einzelnen Blütenblättern bezaubern echte Romantiker.

Husch, husch ins Körbchen! Der Holzkorb ist gefüllt mit Hyazinthen in klarem Weiß und frischem Gelb. Dazu ein Spitzenband mit nostalgischem Charme, das einfach drum herumgebunden wird.

Blütenzauber für Romantiker

Bunte Sträuße umgarnt

Handarbeit

Ihre letzten Versuche mit Strick- und Häkelnadeln liegen schon eine Weile zurück? Dann graben Sie jetzt Ihre Wollreste aus und sehen Sie, wie gut Frühlingssträußen der neue Stricklook steht.

Knäuel Da haben nicht nur Kätzchen ihren Spaß. Der fröhlich-bunte Frühlingsblumen-Mix mit Tulpen, Vergissmeinnicht, Milchstern und Margeriten spitzt aus kuscheliger Dochtwolle.

Gespinnst Wie ein kunstvolles Spinnennetz rahmen Zweige und Wolle gelbe und rote Tulpen, blaue Traubenhyazinthen und weißen Milchstern ein. Lassen Sie sich davon einfangen?

Schal Kommt noch mal ein kalter Wind? Das ist den roten und rosafarbenen Ranunkeln egal, denn warme Dochtwolle hüllt sie sicher ein und betont außerdem ihr leuchtendes Rot.

Kragen Hier wird dem kunterbunten Strauß in der umwickelten Pappmanschette noch ein i-Pünktchen aufgesetzt: Das aufgesteckte Mini-Wollknäuel sorgt garantiert für gute Laune.

Blumen flauschig-weich verziert

TOLLE WOLLE

Handarbeiten wie Nähen und Filzen sind angesagt wie selten zuvor! Warum nicht auch die eigenen Blumen mit bunter Wolle und trendigem Filz verschönern? Lassen Sie sich von den fröhlichen Wickelideen inspirieren und greifen Sie selbst zur Wolle!

Oben links: Im Topf entsteht mit Steckschaum ein kompaktes Schmuckstück aus gelben Trommelschlägeln, Ranunkeln und orangefarbenen Tulpen. Außen zieren Cornuszweige und eine Wollbanderole.
Oben mittig: Als Vase dient dem kecken Strauß ein Einmachglas mit Filzmanschette und einer Spirale aus rosafarbener Dochtwolle. Garn findet sich auch als Wickelschmuck an den Schlehenästen, die mit Trommelschlägeln, Ranunkeln und Narzissen den Strauß bilden.
Oben rechts: Ein alter Übertopf wird mit farbigem Wollfilz zu einer modischen Vase. Zum zarten Ton der Wolle passen rosafarbene Rosen und sämtliche Frühlingsblüher in Rosé und Pink, wie Ranunkeln, Hyazinthen und Tulpen.

Die aus Draht gewickelten Filzringe machen den Strauß schön lebendig und passen farblich gut zu den gelben Tulpen, weißen Ranunkeln und orangefarbenen Ringelblumen. Margeriten, Schleierkaut und Ackerhellerkraut zaubern Wiesencharme.

Strahlt wie die Sonne! Kleine Narzissen in einer Strickmanschette, die in kräftigem Gelb leuchtet.

Für dich!

Jetzt kommen kleine Sträuße ganz groß raus

Kleine Geschenke erhalten die Freundschaft, erst recht, wenn sie blühen. Überraschen Sie doch mal mit den ersten Blüten der Saison, ideenreich in originelle Manschetten gehüllt.

Rechts: Vergissmeinnicht! Die zarten blauen Blüten sind zum kleinen kugeligen Strauß gebunden und in verwaschene Jeans gehüllt. Ganz lässig!

Oben: Kunterbunte Frühlingsblüten ragen dicht an dicht aus einer grünen Zweigmanschette heraus und können ihre Farbkraft so voll entfalten.

Rechts: In warmem Rot kuscheln sich die Köpfchen von Ranunkeln aneinander. Umhüllt werden sie Ton in Ton von Wolle.

Natürlicher Halt

Bunte Straußideen mit Frühlingszweigen

Lebendiger Rahmen für farbenfrohe Frühlingssträuße: Kunstvoll arrangierte Zweige geben bunten Blüten nicht nur eine starke Form, sondern verleihen ihnen auch eine natürlich-robuste Note!

Knorrige Thuja-Zweige durchdringen den Tulpenstrauß und bilden einen starken Kontrast zum Farbfeuerwerk der Blüten, die in sattem Gelb, Rosa, Orange und Weiß leuchten.

Verspielt recken sich die zart gewundenen Zweige der Korkenzieherweide in die Höhe und bilden so einen quirligen Rahmen für den Strauß aus Anemonen, Narzissen und Vergissmeinnicht.

Fest eingefasst: Bunten Frühlingsblumen verleiht die hölzerne Manschette aus dunklem Gagelstrauch sicheren Halt. Das wollene Band greift den frischen Grünton der Stiele auf.

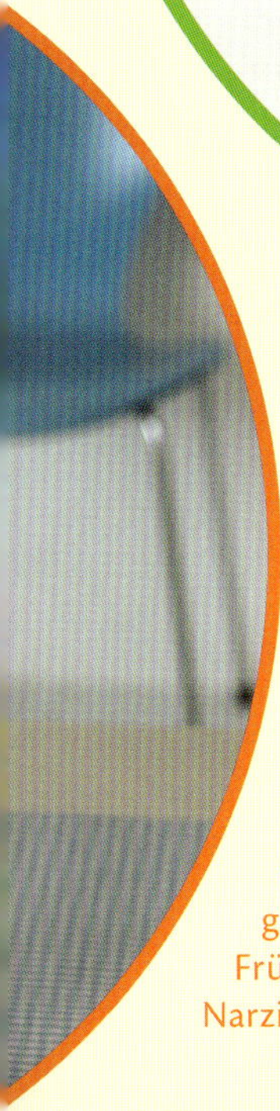

Da geht's drunter und drüber! Die sich munter in alle Richtungen streckenden Holunderzweige ergänzen den locker-leichten Mix aus Frühlingsblüten wie Holunder und Narzissen auf spielerische Art und Weise.

Grobe Weidenzweige bringen den hohen Bund aus Tulpen, Narzissen, Iris und Ranunkeln in Form und sorgen für eine geradlinige Optik. Zusammengehalten wird das Ganze gekonnt von einer dekorativen Kordel.

Der Frühling treibt's bunt

Tulpensträuße für die gute Laune

Tulpen setzen auf Farbe! In leuchtenden Tönen strahlen sie Optimismus und Energie aus und kommen wie gerufen, um das Wintergrau zu vertreiben.

Bunte Wolle fasst die Tulpen nach Farben sortiert zusammen. Einen Hauch von Asia-Style verbreiten die blühenden Zweige, die aus dem bunten Tulpenmix herausragen.

Viele kleine Sträuße machen einen großen. Einzelne Tulpen sind mit Blättern, Heu oder Buchsbaum umwickelt und zu einem großen Strauß zusammengefasst.

Unten: Rot strahlt neben Weiß, Gelb leuchtet neben Orange und Pink hebt sich von Rosé ab. Bei so viel Farbpower sorgen Buchsbaum, Heidelbeergrün und Weide für einen ruhigen Rahmen.

Links: Wie in einem alten Bauerngarten leuchten die strahlenden Blüten üppig hinter einer „Hecke“ aus Buchsbaum.

Rechts: Im Heu geht’s lustig zu! Das finden auch die bunten Tulpen, die in der Heumanschette besonders gut zur Geltung kommen.

Lieblingsblume Tulpe

Frühlingssträuße mit Farbkick

Gute Laune garantiert! Die klassischen Frühlingsblumen, munter gemixt, bringen Sonnenstrahlen und ein Lächeln ins Haus. Optimismus pur zum Verschenken und Selbstbehalten.

Üppig und pur, so kommen die Blüten besonders gut zur Geltung. Die spitz zulaufenden Blütenblätter, die zweifarbig in Gelb und Rot leuchten, sind einfach eine Pracht!

Links: Eine ziemlich verwickelte Sache! Die geschlossenen, langstieligen roten Tulpen sind von Blättern umwickelt. Ein rotes Filzband um die Stängel nimmt die Blütenfarbe wieder auf.

Unten: Wer ist die Schönste im ganzen Land? Bunte, einfarbige und gefüllte Blüten – ganz verschiedene Exemplare stellen in einzelnen Flaschen ihre Schönheit zur Schau. Blühende Zweige geben Fülle.

Rechts: Die unterschiedlichsten Tulpenblüten leuchten bunt aus einer Manschette aus Heidelbeerzweigen. Der dunkelgrüne Rahmen sorgt dafür, dass die Farben noch kräftiger strahlen.

Wissens gewusst wert

! Von April bis Mai blüht in unseren Regionen die Gartentulpe, die zu den Liliengewächsen zählt. Hatte sie in ihrer Wildform noch sechs gelbe Blütenblätter, gibt es heute unzählige Farben und Formen der begehrten Garten- und Schnittblume.

! „Du bist zu keiner echten Empfindung fähig“, bedeutet es angeblich, wenn man Tulpen verschenkt. So sagt es zumindest die Blumensprache. Das mag an der Tatsache liegen, dass die Form der Blüte schön und elegant ist, aber keinen Duft verströmt.

! Ihre Wiege steht im Iran, im 17. Jahrhundert löste sie in Holland eine wahre Tulpomanie aus und bis heute fehlt sie in keinem Frühlingsstrauß: Wer alles über die Geschichte der Tulpe erfahren will, dem sei ein Ausflug ins Amsterdamer Tulpenmuseum in der Prinsengracht 112 empfohlen. Weitere Info über www.amsterdamtulipmuseum.com.

Frühjahrsputz

So zieht der Frühling zuhause ein

Wenn der Winter draußen noch nicht weichen will, helfen Sie dem Frühling drinnen auf die Sprünge. Mit bunten und unkomplizierten Ideen, die der Wohnung jetzt Frische verleihen.

Links: Draußen ist es noch trüb? Blühende Zweige sorgen für bessere Aussichten. Sie stehen in einem Mix aus Vasen und Gläsern in frischen Wasserfarben.

Oben rechts: Wer reiselustig ist, hat sicher einen alten Koffer, den er zweckentfremden kann. In frischem Weiß gestrichen und mit Folie ausgeschlagen, beherbergt er eingetopfte Frühlingsblüten.

Oben links: Zu jedem Topf einen Deckel? Wenn der Topf einen Sprung hat, kann man den Verschluss auch an ein lackiertes Brett kleben und als Garderobe verwenden. Oder für Küchentücher oder ein kleines Blumenväschen.

Rechts: Gläser, die im ersten Leben Marmelade frisch hielten, werden mit Farbe ausgeschwenkt und auf einem Tablett arrangiert. Perfekt für frühlingsfrische Blumenarrangements.

Scheuert den letzten Rest Trübsinn einfach fort: Ein Gesteck aus Nerinen und Anemonen, das im selbstgebastelten Gefäß aus Schwämmen einen sauberen Eindruck macht.

Alles Frisch

Blühender Frühjahrsputz

Schnell den letzten Winterstaub aus dem Haus fegen und putzmunter ins neue Jahr starten. Nach getaner Arbeit ist Zeit für frische Blüten mit einem Augenzwinkern – zum Verschenken und Sich-selbst-belohnen.

Rechts: Alles glattgebügelt? Das Gesteck, in dem Gerbera die Hauptrolle spielt, sitzt in einem Tontopf, der mit Wäscheklammern beklebt und anschließend farbig angesprüht wurde.

Ganz rechts: Das blühende Dankeschön verwöhnt die Putzhilfe. An der Spülmittelflasche, die zum Gutschein umfunktioniert wurde, blühen in Steckschaum Veronika und Nerinen. Da wird der nächste Hausputz gerne übernommen.

Links: Wenn der kleine Putzeimer mal eine Pause hat, schmückt er sich gerne mit frischen Blüten wie Veronika oder Gerbera. Gräser geben zusätzliche Fülle.
So wird's gemacht: Die Blüte in Pink und Weiß kommt Ihnen unbekannt vor? Kein Wunder, sie wächst nämlich aus Spültüchern, die in Streifen geschnitten und mit papierumwickeltem Draht um einen Holzstab gebunden werden.

Sanfte Töne verleihen Weidenkätzchen diesem Strauß aus Anemonen und Ranunkeln in dezenten Farben. Die kunstvolle Ornamentik der Wachsvase unterstreicht die liebliche Note des Arrangements.

So sanft kann die Natur sein! Samtige Weidenkätzchen verzaubern mit romantischen Dekoideen Ihr Heim. Ob in blumigen Ensembles, als dekorativer Wandschmuck oder zum liebevollen Verschenken – die Zweige wirken besonders anmutig.

Kuschelkätzchen

Mit Weidenzweigen im Schmuselook

Der passende Rahmen für romantische Stunden: Ein Bündel Weidenzweige mit niedlichem Schleifchen wird gekonnt in einem nostalgischen Holzrahmen in Szene gesetzt.

Für Geschenke von Herzen werden Weidenzweige mithilfe von Draht in Herzform gebogen und dicht mit Weidenkätzchen beklebt. Die Samtschleife rundet das poetische Päckchen ab.

Wissenswert gewusst

! Steht die Weide generell für Frühling, so ist ihre mythische Bedeutung weitaus düsterer. Oft gilt sie sogar als Symbol der Hexen und des Teufels.

! Zu Palmsonntag werden Weidenkätzchen in der katholischen Kirche geweiht. Deshalb nennt man sie auch „Palmkätzchen".

! Aufgepasst: Weidenzweige nicht aus der Natur stibitzen, sondern beim Floristen erwerben. Sie stehen unter Naturschutz.

Weidenzweige unterstreichen auch die prachtvollen weißen Blüten der Hyazinthe. Etwas Wasser in der Schale mit Wellenrand hält die Pflanzen lange frisch.

Emporgereckt: Weiße Traubenhyazinthen wachsen aus einem samtigen Nest aus Weidenkätzchen. Als Basis für die Bastelei dient ein Steckschaumkranz. Um den Rand des Glastellers wird ein verspieltes Band gebunden.

Fotos: dred2010 - Fotolia.com (5)

Frühling zu Verschenken!

Blühende Mitbringsel mit Pfiff

Ob Kaffeeklatsch oder Brunch – wenn das Frühjahr mit Einladungen lockt, sind zartbunte Blüten genau das richtige Mitbringsel für Familie und Freunde. Mit schmückendem Band und Zweigen werden sie jetzt fröhlich herausgeputzt.

Hoch hinaus geht's jetzt für grazile Schneebeerenzweige, die in Steckschaum Halt finden und den leuchtenden Blütenmix wirkungsvoll überragen. Das feine Schleifenband an der Spitze greift den Farbton von Rosen und Ranunkeln wieder auf.

Oben links: Eine runde Sache: Die originelle Manschette aus trockenen Ranken, Schlangenbart und Schmuckband setzt Gerbera, Ranunkeln, Nelke, Rose und Traubenhyazinthen gekonnt in Szene. Darunter verbirgt sich gewässerter Steckschaum.

Oben: Der blumige Gruß aus Rosen, Ranunkeln, Traubenhyazinthen, Hyazinthen und grünen Beeren wird von einem Flechtwerk aus roten Hartriegelzweigen schmückend eingerahmt. Als Basis für das blühende Geschenk dient Steckschaum.

Links: Zartbunte Blütenpracht. In einem filigranen Nest blühen Frühlingsblumen und Rosen in Pastell. Auch eingesteckte Holunderzweige mit hellblauen Spitzen bringen Farbe ins Spiel. Mit einer dekorativen Schleife wird das Steckschaumgesteck schnell zum Präsent!

Rechts: Frischer Frühlingsreigen: In der farbenfrohen Holzspirale, die mit zartgelbem Draht umwickelt ist, kommen Traubenhyazinthen, Tulpen, Rose, Ranunkeln und Hartriegelzweige toll zur Geltung. Gewässerter Steckschaum hält alles lange frisch.

Ganz schön auf Draht

Kreative Ideen für Frühlingsblüten

Gewickelt, gehäkelt oder gerollt: Drahtigen Blütenideen sind in diesem Frühjahr keine Grenzen gesetzt! Denn das biegsame Kreativwerkzeug bietet blau-weißen Frühlingsblühern immer den passenden Rahmen.

Mit Maschen umgarnt wird der Frühlingsstrauß aus Ranunkeln, Traubenhyazinthen, Vergissmeinnicht, Schwertlilien und Tazetten. Einfach ein Viereck aus blauem Draht häkeln und rundherum um die Glasvase legen – fertig!

Für blumige Nesthocker: Draht und Gräser werden ineinander verwoben und dienen Reagenzgläsern als Halterung. Einfach Frühlingsblüher wie Tulpen, Anemonen und Leberbalsam einfüllen.

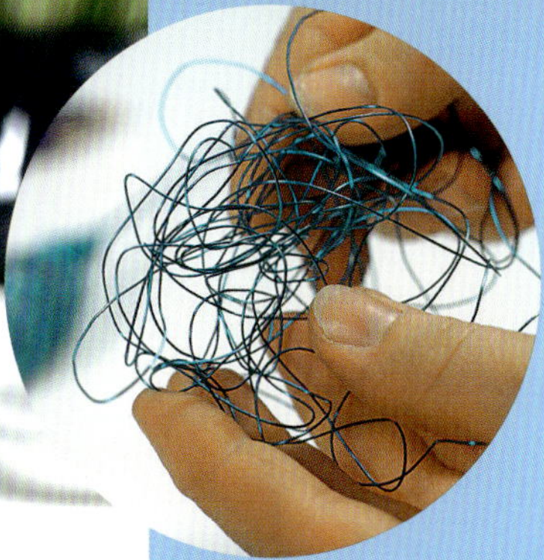

Zum Kugeln! Die blaublütigen Hyazinthen werden in den niedrigen Gläsern durch zusammengeknüllte Drahtkugeln fixiert und mit grünen Gräsern aufgefrischt.

Schluss mit Schnecken? Nicht für diese blau-weiße Blütenpracht – denn ihr wird durch die knalligen Drahtschnecken, die mithilfe einer Zange geformt werden, eine witzige Note verliehen.

Dicker, weicher Aluminiumdraht lässt sich sogar mit den Fingern häkeln oder lässig verknoten. Das entstandene Gewebe wird über einer umgedrehten Schüssel in Form gebracht. Fertig ist die Obstschale!

Kreativ mit Draht und Zange

Kreativ-Fans aufgepasst! Mit diesen Ideen werden wir Sie einwickeln. Wir haben Draht zum Hauptdarsteller dekorativer Accessoires gemacht und sind sicher: Da werden Sie von der Rolle sein!

Oben: Ein Brautstrauß, der für Aufsehen sorgt! Blüten und Blätter in Weiß und Grün, darunter Chrysanthemen und Orchideen, wurden auf verschieden große Drahtringe aufgezogen.

Unten: So flattert's im Frühling! Die Flügel sind aus Silberdraht, die Körper aus Perlchen gebastelt. Broschennadeln aus dem Bastelladen fixieren die Schmetterlinge auf Tüchern und Taschen.

Verspielter Kerzenleuchter Aus Aluminiumdraht etwa zwölf gleich lange Stücke schneiden und an beiden Enden mit der Zange zu Spiralen drehen (1). Die Drahtspiralen dicht an dicht um einen Holzstab legen, in dem ein Kerzenteller steckt, und mit Draht fixieren (2). Den Kerzenständer mit weißer Farbe ansprühen, trocknen lassen und eine Kerze aufstecken.

Ein Korb voll Blüten

Kleine Blütenfreuden zum Verschenken

Danke sagen, Glück wünschen, trösten oder einfach mal so: Mit kleinen Körben voller bunter Blumen zaubern Sie ein Lächeln in das Gesicht Ihrer Lieben. Probieren Sie's doch einfach mal aus!

Da geht dem Huhn ein Licht auf! Zwischen Freesien, Traubenhyazinthen und Anemonen sitzt es im Heukränzchen und freut sich über den Kerzenschimmer. Der Korb ist zusätzlich mit Buchsbaum ausgefüllt.

Blitzschnell sind die kleinen Körbchen mit Traubenhyazinthen gefüllt. Dann einfach noch Weidenzweige dazwischen stecken, ein blau-weiß kariertes Band darum geknotet und die frische Überraschung ist fertig.

Bänder und Ranken umspielen den Rand des kleinen rustikalen Korbes. Unter einem Henkel aus Hartriegelzweigen kuscheln sich Anemonen, Nelken und Federn darin äußerst dekorativ aneinander.

Der Henkelkorb beherbergt Freesien, Veronika, Rosen und Margeriten, die in Steckschaum frisch gehalten werden. Die Feder, die mit Karoband an den Henkeln steckt, macht Frühlingslaune.

Strahlender Tafelschmuck für jede Gelegenheit

Der Frühling bittet zu Tisch

Sie wünschen sich nichts mehr als ein paar sonnige Stunden? Dann holen Sie sie sich mit einer Tischdekoration in fröhlichem Gelb auf den Tisch und genießen Sie sie gemeinsam mit Freunden und Familie.

Für den prächtigen Mittelpunkt der Frühlingstafel wurden frische Zweige kreuz und quer in die Glasschale gespannt und Gerbera, Narzissen, Schneeball und Kamille einfach eingesteckt.

Links: Ein rundum gelungener Mittelpunkt für ein fröhliches Fest. Der gelbe Blütenmix wird in Steckschaum frischgehalten. Versteckt wird alles in einem Nest aus Grannenlilienblättern und Federn.

Rechts: Wie kleine Sonnen leuchten die gelben Gerbera. Ausgeblasene Eier, mit Grannenlilienblättern umwickelt, dienen ihnen als Väschen. Damit nichts wackelt, hält Moos die Eier in Teelichtgläsern fest.

Schnell und stilecht umwickelt ein Grannenlilienblatt die gelbe Leinenserviette. Narzissenblüte und Feder sorgen für Frühlingslaune.

Aus zusammengerollten Bronzeblättern blitzen vorwitzig kleine Osterglocken, Ranunkeln, Schneeball, weiße Federn und ab und an ein kleines Wachtelei hervor.

PRIMELPOWER

Frische Farbe für den gedeckten Tisch

Sie sind schnell dekoriert, aber sie versprechen Blühspaß, der länger hält als ein gemütlicher Kaffeeklatsch. Mit Primeltöpfchen geben Sie der Tafel im Handumdrehen einen fröhlichen Look.

Ganz natürlich kommt die pinkfarbene Schöne daher. Die Primel wurde in eine Steckschaumkugel eingesetzt, die mit Moos, Laub und trockenem Gras bedeckt ist.

Links: Blitzidee für kleine Tische. Einzelne Blüten werden in Glasröhrchen frischgehalten. Umhüllt wird das Ganze von Buchsbaumzweigen.

Rechts: Ein Prachtstück wird zum strahlenden Mittelpunkt der Kaffeetafel. Gelbe Primeln sind in einen rustikalen Kranz aus Zweigen, Moos und Efeu eingearbeitet.

Unten: Gleich kommen die Gäste? Eine Primel mit Topf in den eckigen Glasbehälter setzen, die Zwischenräume mit kleinen Zweigstücken auffüllen, fertig!

Oben: Als Reihe aufgestellt wird es ein toller Blickfang auf der Tafel: Einfach den Kulturtopf mit Moos umwickeln, in ein Glasgefäß stellen und einen dünnen Zweig darum legen. Ton in Ton oder kunterbunt, die gute Wirkung ist garantiert.

Foto: N-Media-Images - Fotolia.com

Happy Valentine –
Geschenkideen für Liebende

Kreative Ideen für den

Frühling

Liebe ist . . .

… ein Blütengruß zum Valentinstag

Die Liebe soll lange halten! Genau wie diese blühenden Grüße zum 14. Februar. Die Minipflanzen mit Maxiblütenkraft sind wunderschön, ausdauernd und brauchen ab und zu ein wenig Aufmerksamkeit. Genau wie die Liebe.

Mit viel Herzenswärme wechselt das kleine Usambaraveilchen den Besitzer. Mit Draht ist es an einem wolleumwickelten Styroporherz befestigt.

Links: Braucht die Liebe eine kleine Auffrischung? Eine süße Anspielung ist das Alpenveilchen in der Gießkanne. Vielleicht verbunden mit einem Gutschein für einen Abend zu zweit?

Rechts: Wer kann da schon kühl bleiben! Die feuerrote Schale ist prallvoll mit rosafarbenen Usambaraveilchen gefüllt. Als „Frostschutz“ wurde ein wolliges Herz darüber gelegt.

Links: Der Zaubertrank, der garantiert wirkt, hat ein ganz einfaches Rezept. Rosen, die Blumen der Liebe, ein paar Herzen und ganz viel Rosé gehören unbedingt dazu. Wichtig: Muss unbedingt am 14. Februar verabreicht werden.

Unten: Wenn Flammende Käthchen so liebevoll überreicht werden, fängt jedes Herz Feuer. Das zweckentfremdete Badezimmerutensilo setzt dem leuchtenden Pink der Blüten ein kräftiges Rot entgegen.

Verliebt, verlobt oder verheiratet? Egal, in welchem Stadium sich Ihre Liebe befindet: Ein blühender Gruß am 14. Februar sorgt dafür, dass die Schmetterlinge im Bauch flattern wie am ersten Tag.

DEIN IST MEIN GANZES HERZ

Die schönsten Überraschungen zum Valentinstag

Links: Jetzt ist Zeit für Rosen **ROMANTIK!** Ein besonders prächtiges Exemplar sitzt in der Mitte eines Herzens aus geschichtetem Steckschaum. Grüne Chrysanthemen und Gras lassen das Rot so richtig leuchten!

Rechts: Mini-Pflanze, riesige **LIEBE!** Das kleine Flammende Käthchen kommt in der Müslischale ganz groß raus. Damit die Botschaft am Frühstückstisch auch sicher ankommt: Ein Plastikherz mit Draht befestigen!

Unten: Ganz fest miteinander **VERBANDELT.** Das Sisalherz, das eine einzelne Gerbera schmückt, ist mit Gummibändern und Gimpe in Pink und Grün verbunden.

Oben: Was könnte romantische Gefühle besser zeigen als ein Herz aus Schleierkraut? Trotz traditioneller Symbolik kommt dieses Gesteck mit pinkfarbener Nelke und knallrotem Fransenband ganz schön **FRECH** daher.

Für mein Herzblatt

Liebesgrüße erfreuen jeden jederzeit, besonders aber am 14. Februar, dem Valentinstag. Eine schöne Gelegenheit, denen, die einem viel bedeuten, eine Freude zu machen. Sagen Sie's mit Herz!

Links: Zwei Stämme, eine Krone. Dieser Baum sagt: „Wir gehören zusammen." Auf einer Basis aus Steckschaum blühen Chrysanthemen in Moos und Mühlenbeckienranken.

Rechts: Beim romantischen Kaffeestündchen leuchten Kerzen und blühen Nelken in Steckschaumherzen, die mit Geschenkband umwickelt sind.

Wissenswert gewusst

! Der Valentinstag geht zurück auf die römische Göttin Juno und den Bischof Valentin von Terni, der im 3. Jahrhundert Verliebte christlich traute. Er gilt als Schutzpatron der Liebenden.

! Schon im Mittelalter verschenkten Verliebte in England und Frankreich am 14. Februar Blumen und Karten. Auswanderer verbreiteten den Brauch in Amerika.

! 1950 tanzten in Nürnberg zum ersten Mal Paare auf einem Valentinsball in Deutschland. Seither machen sich auch hier immer mehr Liebende kleine Geschenke.

Rechts: Bis in den Himmel und wieder zurück liebe ich dich! Das hoch gearbeitete Gesteck zeigt, wie groß die Liebe ist. Strandflieder und Chrysanthemen sind die Basis für ein Drahtherz. Obenauf thront eine edle Rose.

Links: Mein Herz gehört nur dir! Das symbolische Gesteck sorgt dafür, dass der Liebesschwur nicht in Vergessenheit gerät. Mit Blütenknospen dicht an dicht besteckt, von einer pinkfarbenen Rose gekrönt und mit einem Kränzchen aus Strandflieder verziert, wird das kaum passieren!

My sweet Valentine

Diese Geschenke kommen von Herzen

Zeigen Sie am 14. Februar Ihre Liebe auf die ganz romantische Art! Sanfte Rosé- und Lilatöne, verspielte Ranken und Herzen sagen allen, die Ihnen wichtig sind, dass Sie an sie denken.

Ob edler Schmuck für ein festliches Essen zu zweit oder blühendes Geschenk: Rosen, Prärieenzian, Schachbrettblumen und Mühlenbeckienranken in Herzvasen arrangiert verzaubern jeden!

Jetzt ist Zeit für **Romantik**

Verführerische Düfte ziehen durch den Raum. Zwischen Rosenblättern liegen Herzen, aus Watte, Stoff und Draht gewickelt, die mit Duftöl beträufelt werden.

Schöner als eine SMS! Blütenpapier, Tonpapier, Bänder, viel Fantasie und Liebe, so entstehen die gefühlvollsten Liebesgrüße. Auch hier lautet das Motto „Herz ist Trumpf!"

Rechts: Erwarten Sie Gäste am 14. Februar? Dann überraschen Sie sie mit diesen liebevollen Tischkarten. Einfach Plätzchenausstecher mit Steckschaum und Blüten füllen und ein Papierherz mit Namen daranstecken.

Du liegst mir am Herzen – was könnte das schöner ausdrücken als eine herzförmige Schachtel, die dicht mit Blüten ausgesteckt ist.

Sag's durch

Am 14. Februar ist Valentinstag

Damit der Duft der Liebe nicht verfliegt: Das verführerische Parfüm wird von roten Rosen und Eukalyptusknospen eingebettet, die in Steckschaum sicheren Halt finden. Ein Topf mit bunt gemustertem Stoffüberzug präsentiert das Präsent besonders liebevoll.

Eine einzige Rose sagt mehr als tausend Worte! Die roten Zweige des Hartriegels umgeben sie nicht nur dekorativ, sie präsentieren auch das originelle Armband für die Liebste.

Rote Rosen sind unentbehrlich für romantische Liebesbekenntnisse und dürfen am Valentinstag nicht fehlen. Doch der Blumenklassiker kann auch ganz modern: Zum Beispiel als natürliche Verpackung für kleine Geschenke!

die Blume

Romantische Rollen: Strandfliederzweige werden mit viel Liebe in Keulenlilienblätter gewickelt und zusammen mit Rosen in einem farblich passenden Gefäß arrangiert. Ein kleines Geschenk findet hier wunderbar Platz!

Rosen in verschiedenen Farben sind der passende Rahmen für eine CD mit Kuschelsongs! Durch einen Kranz aus Efeu und einen fröhlich-bunten Flechtkorb wird das Gesteck munter aufgepeppt.

Foto: Jeanette Dietl - Fotolia.com (1)

Für dich!

Liebevolle Geschenke zum Valentinstag

Am 14. Februar ist Valentinstag! Gäbe es da einen schöneren Liebesbeweis als selbst gemachte Geschenke, die von Herzen kommen? Mit hübschem Papier und etwas Kreativität gelingt die Überraschung ganz bestimmt!

Rosen für die Ewigkeit! Die zarten Blüten in Rosétönen sind aus Seidenpapier schnell gefaltet und erfreuen den Beschenkten noch lange nach dem Valentinstag. Der Stängel aus Draht wird stilvoll mit passendem Krepppapier umwickelt.

Wissens gewusst wert

! Der Valentinstag geht vermutlich zurück auf Valentin von Terni oder Valentin von Rom. Er soll als Priester trotz des Verbots durch den damaligen Kaiser Liebespaare christlich getraut haben und dafür an einem 14. Februar hingerichtet worden sein.

! Einer anderen Überlieferung nach dachte man im antiken Rom am 14. Februar der Göttin Juno. Sie war die Beschützerin von Ehe und Familie. Stellvertretend wurden damals die Frauen mit Blumen beschenkt.

! Noch heute werden bei uns am Valentinstag am häufigsten Blumen verschenkt. Während übers Jahr meist Frauen Blumen kaufen, sind es am 14. Februar überwiegend Männer. In Japan hingegen schenken viele Frauen ihren Männern Schokolade.

Oben: Dieses Kunstwerk bekommt nicht nur einen Ehrenplatz an der Wand, sondern auch im Herzen des Beschenkten! Neun unterschiedlich gemusterte Tonpapierquadrate, aus denen Herzen ausgeschnitten und gefaltet werden, ergeben zusammen ein harmonisches Bild. Auch nach dem Valentinstag noch eine tolle Erinnerung!

Unten: So einfach fliegen Ihnen die Herzen zu. Die kleine Herzgirlande wird aus rotem Tonpapier geschnitten, gefaltet und in die Karte geklebt – und sagt mehr als 1.000 Worte.

Oben: Love is in the air! Die romantischen Anhänger mit Glöckchen und Federschweif scheinen zwischen den geweißten Ästen über dem Frühstückstisch zu schweben. Dafür werden vier in der Mitte gefaltete Tonpapierherzen mit den „halben" Rückseiten aneinander geklebt und mit Satinband an die Zweige gehängt.

Foto: kuleczka - Fotolia.com

Ostern – Das Frühlingsfest für die ganze Familie

Kreative Ideen für den

Frühling

Frohe Ostern!

Blühende Ideen für Ihren Frühlingstisch

Verwöhnen Sie Freunde und Familie an einer Tafel in frühlingsfrischem Grün und Rosa. Kleine zarte Blüten und klassisch weißes Porzellan gehören unbedingt dazu – dann genießt auch Meister Lampe die Feiertage im duftigen Blumennest.

Statt mit Nougat oder Likör ist dieses Osterei mit Tausendschön, Ranunkeln und Nieswurz gefüllt. Keine Nascherei, aber ein Genuss für die Augen auf der Ostertafel.

Oben: Festtagsstyling: Mit Ringen aus Federn, Buchsbaum, Perlen, Wachteleiern oder Kordeln kommen auch Leinenservietten in Osterlaune und runden die Dekoration ab.

Oben rechts: Alle Eier versteckt? Dann darf der Osterhase mal eine Pause machen. Am liebsten auf einem Bett aus rosafarbenen Ranunkeln, die in einer Keramikschale stecken, umrankt von Efeu.

Links: Schnell umfunktioniert! Aus der österlichen Pastetenform quellen Tausendschön, Chrysanthemen und Nieswurz. Steckzwiebeln sorgen für Frühlingslaune.

Elegant aufgetischt

Willkommen zum Osterbrunch!

Jetzt wird's edel: Lassen Sie Ihre Tafel zu Ostern doch einmal in frischem Weiß erstrahlen! Dabei setzen silberne Accessoires festliche Akzente, während frisches Grün den Frühling ins Haus holt.

Zu Ostern kommen silberne Glanzstücke auf den Tisch, die das schlicht-weiße Porzellan toll ergänzen. Zusammen mit Frühlingsblüten und Ostereiern bilden sie den dekorativen Rahmen für allerlei Leckereien.

Oben links: Essbare Osterwiese – aus silberfarbenen Backförmchen wächst Kresse, die den mit Schlagmetall verschönerten Eiern als grünes Bett dient und gleich zum Brunch geerntet werden darf.

Oben rechts: Eier im edlen Look. In zartem Grün und mit Verzierungen aus Tüll, Blattsilber, Federn und Bändern werden die natürlichen Osterboten in einer Schale zum Blickfang auf der Tafel.

Links: Überragend schön! Weiße Tulpen in einem Kranz aus Weidenzweigen, Buchsbaum und Silberdraht sind der blumige Höhepunkt auf dem Tisch. Geprägte Tapete und eine zarte Schleife geben den letzten Schliff.

Lila Laune

Die schönsten Tischdekorationen fürs Osterfest

Der Osterhase hat eine neue Leidenschaft: die Farbtöne von Flieder bis Violett. Mit ihnen deckt er die Tafel zum Fest. Mit dabei sind Blüten von Tulpen bis zu Hyazinthen und Ranunkeln.

Linke Seite: Mehr Pepp mit Kontrasten. Ein Sück blühende Wiese aus Schachbrettblumen, Hyazinthen und Tulpen in Lilatönen bekommt einen Frischekick mit Ranunkeln in Orange.

Rechts: Eierbecher? Funktionieren Sie Tassen um, dann passt's perfekt zur Tischdeko. Mooskraut einpflanzen und um das gefärbte Ei ein Band in Kontrastfarbe binden.

Unten: Blüten statt Müsli! In einem Nest aus trockenen Zweigen blühen Tulpen, Schachbrettblumen, Strandflieder und Ranunkeln. Wachteleier sorgen für Osterlaune.

Knuspriger Quarkkuchen

Sie brauchen: 200 g Mehl, 1 TL Backpulver, 180 g Zucker, 100 g Butter oder Margarine, 2 Eier, 1 kg Magerquark, 2 Päckchen Vanillepuddingpulver, 250 ml Milch, 120 g Milka Osterknusper, 120 g Milka Zarte Frühlingsblüten, Fett für die Form

So wird's gemacht: Backofen auf 160 °C Umluft vorheizen. Mehl, Backpulver, 80 g Zucker, Margarine und ein Ei zu einem glatten Teig kneten, im Kühlschrank eine Stunde ruhen lassen und eine gefettete Springform (Ø 28 cm) damit auslegen. Quark, Puddingpulver, restlichen Zucker, ein Ei und Milch verrühren. Osterknusper fein hacken, unterziehen, Masse auf den Teig geben und ca. 85–95 Minuten backen (falls der Kuchen zu dunkel wird, mit Alufolie oder Backpapier abdecken). Auskühlen lassen und mit den Schokoladenblüten verzieren.

Federleichte Ostergrüße

Mit diesen Blüten zieht der Frühling ein

Ganz zart und vorsichtig strecken jetzt die ersten Blüten ihre Köpfchen aus dem kalten Boden. Unsere Sträuße und Gestecke schützen sie mit Federn und Wolle.

Hätten Sie's erkannt? Die originelle Manschette war früher mal ein Stapel Eierkartons. Jetzt ist sie die Basis für einen zarten Osterstrauß mit Federn.

Links: Der Osterstrauß mal ganz anders. Die Manschette aus Federn und Gras lässt die ersten Blumen des Jahres fast schweben, so schwerelos wirken die Blüten auf dem duftigen Untergrund.

Unten: Der Frühlingsbote kündigt das Aufbrechen der Natur an. In einem federverhüllten Ei aus Steckschaum blühen Traubenhyazinthen, Schachbrettblumen, Vergissmeinnicht, Hornveilchen, Tausendschön und Osterglocken.

Links: Im Nest aus Wolle und Zweigen werden Tulpen, Traubenhyazinthen, Narzissen und Hyazinthen gut geschützt. Sieht klasse aus und bietet den letzten Winterstürmen Paroli.

Rund ums Ei

Blitztipps schick in Schale

Ob als kleine Geschenkidee, Tischdeko in letzter Minute oder Blickfang auf dem Sideboard: Mit den Blitztipps zum Thema Ei wird es ganz schnell Ostern. Und das Schönste: Das Basteln macht Groß und Klein Spaß!

Hier finden kleine Blümchen einen Platz. Die Eiervasen bekommen Halt in einer Schale mit Linsen. Damit kein Wasser verloren geht, wird das untere Loch vom Auspusten mit Kerzenwachs verschlossen.

Oben links: Wer noch einen schnellen Ostergruß braucht, löst mit den Mini-Windlichtern garantiert Freude aus: Mit Heißkleber werden die zerdrückten Eierschalen am Rand befestigt. Dann kommt noch Moos in das Glas und eine kleine Stumpenkerze.

Oben rechts: Österlicher Serviettenschmuck: Wer mit einem spitzen Messer die Löcher im ausgepusteten Ei vergrößert, kann eine Serviette durchziehen und das Ganze mit ein paar Federn aufpeppen.

Links: Mehr Ostergäste als geplant? Aus buntem, papierumwickeltem Draht lassen sich ganz einfach Eierbecher formen. Achtung: Für ausreichende Standfestigkeit muss der Fuß groß genug sein.

Unten: Das lieben Schokoholics und Deko-Fans. Passend zur Tischdekoration lässt sich ein großes Pappei mit Servietten bekleben. Mit Moos und Schokoeiern gefüllt, lädt es zum Naschen ein.

Wie frisch geschlüpft recken Ranunkel und Gerbera in den pastellfarbenen Eiervasen ihre Blütenköpfe in die Höhe. Zusammen mit Vergissmeinnicht, Kätzchenweide und Eukalyptus finden sie in Steckschaum Halt.

Bald ist es wieder soweit! Wenn Familie und Freunde zum Osterfest einladen, sind liebevolle Geschenke gefragt. Mit zarten Blüten und Eier-Accessoires in Pastell liegen Sie jetzt garantiert richtig!

Blühende Ostergrüße

Originelle Mitbringsel zum Fest

Unten: Osterwiese zu verschenken! Im hohen Bogen überragen samtige Weidenkätzchen ein weißes Keramikei, das in einem Bett aus Freesien, Strandflieder, Ranunkeln, Chrysanthemen, Schleierkraut und Federn sitzt. Als Basis dient gewässerter Steckschaum.

Links: In einem Nest aus Frühlingsblüten, Zweigen der Kätzchenweide, flauschigen Federn und schmückendem Blattwerk wird das zart-violette Keramikei zum österlichen Mitbringsel! Darunter verbirgt sich Steckschaum.

Oben: Buntes Quartett! Zum fröhlichen Stelldichein treffen sich eine Osterkerze, pinkfarbene Ranunkeln, hellgelbe Chrysanthemen und Vergissmeinnicht. Mit farbenfrohem Band ummantelte Steckschaumwürfel versorgen die Blüten mit Wasser.

Neues aus der Osterwerkstatt

Machen Sie dem Osterhasen Konkurrenz! Kleine Dekorationen mit den ersten Blüten und typischen Eiern schmücken das Haus und sind eine echte Alternative zur versteckten Nascherei im Nest.

Diese Minivasen können Sie auf den letzten Drücker im Supermarkt erstehen. In den ausgepusteten Hühnereiern mit großer Öffnung blühen bunte Frühlingsblüten. Granulat gibt ihnen Halt auf dem Teller.

Ein Hingucker mit Kuschelfaktor sind die niedlichen Hasen aus Weidenkätzchen, die auf gefärbte Eier geklebt wurden. Strohhalme machen sich als Ohren nützlich. Da müssen Groß und Klein schmunzeln.

So schön kann Recycling sein: In ausgedienten bunten Joghurtbechern lassen sich Narzissen und Traubenhyazinthen ganz jung und trendy gestalten. Besonders schön als Gruppe mit kleinen Dekoeiern.

Haute Couture fürs Hühnerei ganz flott geschneidert: Aus Stoffresten, Perlen und Knöpfchen zaubern Sie die neue Frühlingskollektion zum Osterfest.

Ganz schön in der Klemme sind die ausgeblasenen und bemalten Hühnereier. Aneinander geklebt werden sie zur österlichen Steckhilfe für eine zarte Frühlingsblumenmischung.

Lust auf Ostern? Dann setzen Sie jetzt Akzente mit zarten Farben, Eiern und den ersten Blüten des Frühlings.

Die schönsten Dekorationen für die Osterzeit

ALLERLEI EI

Links: So wird die Natur ins Haus geholt. Märzenbecher wurden in ein angemaltes Straußenei gepflanzt. Als Eierbecher XXL dient stabiler, in Form gebogener Draht.

Rechts: Manchmal muss es einfach ein Strauß sein. Die Kombination aus Tulpen, Ranunkeln und Schneeball wird von Gräsern umspielt, auf denen Wachteleier aufgefädelt sind.

Unten links: Das Veilchen versteckt sich nicht im Moose. Es schmückt sich im Straußenei ganz trendy mit Wolle in Lila.

Unten rechts: Blitzschnell gemacht ist die Tischdeko aus Eierkerzen, Frühlingsblüten und frischer Kresse im Ei. Ein Tablett mit Moos dient als „Spielwiese".

Guten Morgen, Sonnenschein!

Für einen perfekten Start in den Tag heißt es morgens erst einmal Energie tanken! Dafür braucht es nicht nur ein reichhaltiges Frühstück – auch bunte Tischdeko und frische Blumen in leuchtenden Farben sorgen für den Power-Schub am Morgen!

Ein liebevoll gedeckter Frühstückstisch in knalligen Farben lockt jeden Langschläfer aus dem Bett! Denn leuchtende Tulpen sorgen sogar bei Morgenmuffeln für gute Stimmung! Den hohen Gläsern, die als Vase dienen, werden purpurne Mäntelchen aus diagonal gefalteten Servietten umgelegt.

Oben links: Geschickt geringelt. In einem Bett aus rotem Granulat und am Rumpf mit bunten Gummibändern umwickelt, erhellen Ihnen Kerzen die frühen Morgenstunden! Auch die Gläser bekommen einen Gürtel aus breiten Gummiringen.

Oben: Zu einem wahren Power-Brunch gehört ein leckeres Ei! Kleine Tontöpfe, bunt bemalt und mit Gummibändern versehen, sind die perfekten Eierbecher. Besonders praktisch: Die passenden Löffel sind sofort griffbereit!

Links: Liebevoll aufgetischt. Duftende, warme Brötchen sind das leckere Glanzstück auf dem Frühstückstisch. Mit einem beschrifteten Papierstreifen werden sie blitzschnell zu Tischkarten, auch wenn Sie noch zu müde zum Dekorieren sind.

Foto: Sandra Henkel - Fotolia.com (1)

Ganz schön flexibel! Elastische Gummibänder sind nicht nur besonders praktisch, um fröhliche Dekoideen verspielt zu fixieren – um Gläser, Kerzen, Eierbecher oder Brötchen gewickelt, bringen sie durch ihre munter kombinierten, leuchtenden Farben außerdem gute Laune auf den Frühstückstisch!

Kleine Geschenke erhalten die Freundschaft

Gruß vom Osterhasen

Nostalgie ist Trend. Und mit unseren kleinen blühenden Überraschungen im Stil der guten alten Zeit machen Sie garantiert große Freude. Und das nicht nur bei ehemaligen Schülern der Hasenschule.

Tausenschön, Primeln und Hornveilchen schmücken den Kranz, auf dem die Osterkerze leuchtet. Für zusätzlichen Glanz sorgen metallisch schimmernde Eier.

So zweckentfremdet kommt Omas Sauciere zu neuen Ehren. Jetzt dient sie als Gefäß für Tulpen in fröhlichen Farben

Verführt Leckermäuler im Handumdrehen. Der süße Hase vom Bäcker ist unter einer Glasglocke in Szene gesetzt worden und zieht so alle Blicke auf sich.

Osterkörbchen mit nostalgischem Küken verbirgt sich eine cremefarbene Primel, die mit Weidenkätzchen und Federn geschmückt wird.

Das Pappmaschee-Ei ist ein Osterklassiker. In schokoladenbraunem Metallpapier, gefüllt mit Tausendschön wirkt es besonders romantisch und edel.

Sie lieben's rustikal? Dann ist das Strohei, gefüllt mit Ringelblumen, Johanniskraut, Chrysanthemen und kleinen Wachteleiern, perfekt. Das gelbe Filzband sorgt für zusätzliche Frische.

Wer aus diesem Nest kommt, möchte nicht flügge werden. Aus Ranunkeln und Chrysanthemen in eine Astgabel gesteckt, ist es ein dekorativer Blickfang im Frühling.

Blühende Geschenke vom Osterhasen

ÜBERRASCHUNGSEIER

So haben Sie Ostereier noch nie gesehen: Mit ganz viel Natur und vielen fröhlich gelben Blüten. Ein lieber Gruß für Gastgeber, Freunde oder für Sie selbst.

Ein Mantel aus Birkenrinde gibt dem Steckschaumei natürlichen Charme. Gefüllt ist es mit einem frühlingshaften Blütenmix in Gelb. Das Buchskränzchen sorgt dafür, dass nichts umkippt.

Das Gesteck aus gelben Ranunkeln, Schneeball und kleinen Chrysanthemen kommt garantiert gut an. Eine breite Manschette aus Eierschalen sorgt für österliches Flair.

Wer das Straußenei als erster gefunden hat, darf es behalten! Es versteckt sich in einem Mooskranz, besteckt mit Freesien, Ringelblumen, Chrysanthemen und Mimosen.

Ei-Zeit

Neuer Look für Ostereier

Weitgereist, belesen, blumig oder verkehrstüchtig: Jetzt zeigen Eier, was sie alles können. Ausgeblasen und mit viel Kreativität verziert, werden die schicken Schalen zu echten Hinguckern in Ihrem Zuhause.

Oben: In ein literarisches Kostüm aus Kopien von Buchseiten gehüllt, spielen die mit bunten Kordeln dekorierten Eier in Ihrer Ostergeschichte jetzt die Hauptrolle! Dem Karton kommt als Statist dabei eine tragende Rolle zu.

Links: Wenn Ei(ner) eine Reise tut, dann ist das richtige Outfit gefragt. Diese Eier nehmen es wörtlich und wählen als Kleid gleich den passenden Stadtplan für die große Fahrt. So kommt garantiert Fernweh auf!

Rechts: Freie Fahrt für Langohren: Damit der Osterhase sich im Verkehrschaos nicht verirrt, geben Sie ihm doch mit bunten Schalenschildern ein paar kleine Hinweise. Das gelingt besonders gut, wenn das Motiv mit einer Folienschablone und Kreppband abgeklebt und Sprühfarbe aufgebracht wird.

Unten: Wer hätte das gedacht? Das mit Serviettentechnik verschönerte Ei überzeugt im Karo-Look sogar als schmucke Blumenvase. Etwas Moos sorgt für den sicheren Stand.

Ei, Ei, Ei!

Farbenfrohe Ideen für die Ostertafel

Treiben Sie es bunt! Zusammen mit leuchtenden Frühlingsblühern bringen originelle Eierideen in Gelb, Orange und Co. jetzt Farbe auf den Tisch und verbreiten fröhliche Osterlaune!

Mit einer bunten Hülle wird das Straußenei im Nu zur originellen Vase für strahlende Narzissen. Die fröhliche Ummantelung ist mit Seidenpapier, Schmetterlingen aus Papierservietten und Tapetenkleister schnell gemacht.

Links: Ob als Naschwerk für zwischendurch oder als Give-away für die Gäste – die süßen Überraschungseier kommen immer gut an! Mit farbenfrohem Krepppapier und einem gestempelten Gruß werden sie passend herausgeputzt.

Links unten: Geschickt umfunktioniert! In der pastellfarbenen Sauciere dienen gefärbte Eier als Minivasen für blühende Scheinquittenzweige und eine weiße Narzissenblüte. Etwas Moos im Gefäß garantiert sicheren Stand.

Unten: Schöner Schein! Quietschgelbe Eierkerzen leuchten in einem Blütenmeer aus Hornveilchen, Golderdbeeren, Scheinquitten, Narzissen und Taubnesseln. Darunter verbirgt sich ein Bett aus feuchtem Moos.

Foto: Nina Malyna - Fotolia.com

Outdoor – Wenn's draußen grünt und blüht

Kreative Ideen für den

Frühling

Frühlingsgefühle

Outdoor-Spaß in Rosarot

Wenn die ersten Sonnenstrahlen locken, juckt es auch Kleinstgärtnern wieder im grünen Daumen. Mit Frühlingsblühern in Rot- und Rosatönen holen Sie sich jede Menge Energie auf Balkon und Terrasse.

Links: Rot und Pink – ein Kontrast, der für Feuer sorgt. Pinkfarbene Tulpen und Granulat im roten Topf und eine Kombination aus Tulpen, Tausendschön, Hyazinthen und rankender Mühlenbeckie sind der Beweis.

Rechts: Beste Aussichten. Vor dem Fenster sorgen Krokusse in Lila und Grasnelken für Spannung in der rosaroten Bepflanzung aus Primeln und Tausendschön. Ein Hingucker sind Gummibänder, die um den Kasten gespannt sind.

Tipp

Lust auf Farbe? Mit Sprühlack oder Pinsel und Abtönfarbe verwandeln Sie alte Gefäße im Handumdrehen passend zum Pink-Power-Look. Eine Auswahl der schönsten Pflanzen lässt das Fensterbrett dann so richtig leuchten.

Linke Seite: Mit Kuscheldecke kann man schon ein paar Minuten die Sonne einfangen. Und dabei den Pflanzenmix aus Tulpen, Primeln, Tausendschön und Scheinquitten genießen, der in den kräftig roten Töpfen blüht.

Links: Beim Bummel durchs Gartencenter findet sich ein riesiges Angebot an Frühlingsblühern in allen Pink- und Rottönen. Zeit zum Schwelgen! In diesem Kübel sind Tausendschön, Ranunkeln, Tulpen und Hyazinthen gemischt.

Draußen vor der Tür

Erste Farbtupfer für Balkon und Terrasse

Sie mögen ländliches Flair im und ums Haus? Dann locken Sie jetzt mit den ersten Blüten in zartem Pastell und hellen rustikalen Gefäßen draußen den Frühling hervor!

Frühlingsfrischer Blick aus dem Fenster: Hyazinthe, Schleifenblume, Gänsekresse, Bergenie und Primel, in einen groben Korb gepflanzt, machen's möglich.

Oben: Narzissen, Primeln, Tausendschön und Ranunkel genießen die ersten Sonnenstrahlen draußen. Der Topf in zartem Rosé und die Primel in kräftigem Pink – ein toller Kontrast!

Oben: Heißen Sie Gäste und den Frühling willkommen. Das verspielte Topfduo wird beherrscht von einem Lorbeer-Schneeball, der mit einem zarten Blütenmix unterpflanzt wurde .

Rechts: Liebevolle Arrangements nehmen den Blick gefangen. Kombinieren Sie Wolfsmilch, Skimmie und Tulpen in einem Gefäß im Shabby-Look und arrangieren Sie geweißte Ranken und einen verspielten Engel dazu.

STYLE-GUIDE

Ländlich und dabei ganz im Trend, so gelingt's: Setzen Sie auf Blüten im sanften Farbmix - von Creme bis Gelb, von Rosé bis Pink. Besonders schön sind gefüllte Züchtungen wie die duftige Narzisse *Narcissus* 'Cheerfulness'. Der leichte Landhausfrühling kommt am besten in Tonkübeln oder Körben zur Geltung, die ein wenig helle Patina angesetzt haben, gerne auch künstlich. Detailverliebt wird es mit verspielten Accessoires.

Die Guten ins Töpfchen ...

Jetzt wird es Frühling auf Balkon & Terrasse

Der letzte Schnee ist geschmolzen und die Sonne schickt ihre ersten wärmenden Strahlen vom Himmel. Höchste Zeit, mit schnell gepflanzten Topfgärten den Frühling zu begrüßen!

Das Topfsammelsurium ist schnell zusammengestellt, gepflanzt und auf einem Tisch arrangiert. Mit von der Partie sind Ranunkel, Schlüsselblume, Tausendschön, Goldlack, Stiefmütterchen und der kleine Winterling.

Gruppenbild mit Korb. Wichtig dabei: Alle Gefäße sind unterschiedlich aber in den gleichen Farbtönen bepflanzt. Mal mono mit Stiefmütterchen, Gras und Goldlack oder bunt gemischt mit Ranunkeln, Milchstern, Wolfsmilch und Stiefmütterchen.

Im handlichen Korb haben sich gefüllte Primeln und Efeu auf den Frühling eingestellt. Sie werden mit ihren Töpfen einfach in den Henkelkorb gesetzt und sind auch eine tolle Geschenkidee.

Gärtnern leicht gemacht. Zwei Schalen mit jeweils einer Sorte Frühlingsblüher bepflanzt – das gelingt auch weniger versierten Gärtnern. Stiefmütterchen und Osterglocken überzeugen durch ihre Blütenpracht in leuchtendem Gelb.

Ganz in Weiß

So blühen Balkon und Terrasse auf

Empfangen Sie den Frühling mit frischem Charme! Die Zutaten? Duftig weiße Blüten, einzelne Töpfe locker gruppiert und liebenswerte Accessoires, alles ganz lässig kombiniert.

Links: Durch die Zweige von Weidenkätzchen bahnen sich Hyazinthen, Narzissen und niedrige Tulpen ihren Weg an die Sonne.

Rechts: Der blühende Frühlingsgruß heißt Bewohner und Besucher schon an der Tür willkommen. Im Mittelpunkt steht ein Hochstämmchen, dessen Knospen auf die Sonne warten.

Unten: Zum Stelldichein aus Tulpen und Stiefmütterchen gesellt sich sicher gern auch ein Vogelpärchen. Zu den dunklen Basttöpfen leuchten die weißen Blüten besonders strahlend.

Linke Seite: Ein Platz an der Sonne! Hier blüht ein Mix aus Stiefmütterchen, Tulpen und Schleifenblumen auf dem Liegestuhl, solange dieser noch Schonzeit hat.

Unten: Körbeweise Frühlingslaune gedeiht mit weißen Blühern wie Hyazinthen, Tulpen, Tausendschön und Margeriten. Dazu gesellen sich Lorbeerschneeball und Segge.

Einfach himmlisch!

Die Sonne lacht am blauen Frühlingshimmel. Wen juckt es da nicht in den Fingern, das Gärtnerzeug rauszuholen und Schalen und Töpfe mit den ersten Blüten der Saison zu bepflanzen? Wie wär's mit einer Kombination von leuchtendem Blau und frischem Weiß? Probieren Sie's doch einfach mal aus!

Genießen Sie die ersten Sonnenstrahlen eingemummelt in einer warmen Decke im Liegestuhl. Am bestem mit einem blühenden Ausblick auf den Frühling. Der große Kübel bietet jede Menge Platz für weiße Stiefmütterchen, blaue Zwerg-Iris und frischgrünes Sternmoos.

Es müssen nicht immer klassische Tontöpfe sein, in denen der Frühling erblüht. Bunte Kunststoffwannen ziehen mit Stiefmütterchen, Sternmoos, Schleifenblume, Tulpen und Postersteinbrech die Blicke auf sich.

Links: Die erste Tasse Kaffee mit der Freundin auf der sonnigen Terrasse? Kleine Töpfe mit hellblauer Ascheblume, einer gefüllten Primel und weißem Polstersteinbrech sorgen dabei für eine fröhliche, blumige Note.

Oben: Das Duo in Blau und Weiß verkündet den Frühling. Vorne blühen Veilchen und erinnern an Mörikes berühmtes Gedicht. Im hinteren Kübel schmücken Wollspindeln eine Gruppe von Stiefmütterchen, Tulpen und Segge.

Rechts: Eine Partie Freiluftschach gefällig? Die passende Tischdeko liefert ein verspieltes Ensemble aus Schachbrettblume, Duftveilchen, Tausendschön, Hyazinthe, Hornveilchen, Schlüsselblume und Purpurglöckchen.

Unten: Schönes Doppel – weißes und rosafarbenes Tausendschön blüht gleich in beiden Töpfen. Im hinteren Gefäß gesellen sich auch Ranunkeln, Purpurglöckchen, Hyazinthen, Primeln und Heide dazu.

Wie lange haben wir auf diesen Moment gewartet: Es ist Frühling und endlich blüht es wieder auf Balkon und Terrasse. Wir setzen die rosarote Brille auf und lassen uns von der romantischen Blütenpracht verzaubern!

Endlich geht's raus!

Frühlingsgefühle auf Balkon und Terrasse

Links: Traumhaftes Trio! Die Steinkübel sind ein toller Kontrast zu den weißen und rosafarbenen Frühlingsblüten, die von einem Schneeballhochstämmchen wirkungsvoll überragt werden.

Links unten: In den hohen Steingefäßen kommen Frühlingsblüher ganz groß raus! Der Blütenmix im vorderen Kübel wird hinten von Erika und vorne von Wachskraut in zartem Weiß umrahmt.

Unten: Pink- und rosafarbene Primeln, Ranunkeln und Hyazinthen, gelbe Stiefmütterchen und hellgrüne Purpurglöckchen im vorderen Kasten werden durch weiße Schaumblüte in den beiden Balkonkästen stilvoll ergänzt.

Wissenswert gewusst

! Wer die Herbstpflanzung verpasst hat, aber jetzt nicht auf die Blütenpracht auf Balkon und Terrasse verzichten möchte, für den ist der Kauf vorgetriebener Zwiebeln und Knollen im Frühjahr eine tolle Alternative! Damit diese auch üppig sprießen, sollte die Pflanzerde zwar stets leicht feucht sein, aber nie zu nass, da sonst Fäulnis droht.

! Für einen guten Wasserabfluss den Gefäßboden mit Tonscherben, Kies oder Blähton abdecken. In Balkonkästen lassen sich auch Vliese einlegen, die überschüssiges Wasser aufsaugen und nach und nach wieder an die Wurzeln abgeben.

! Vor den Eisheiligen droht Balkonpflanzen oft noch Nachtfrost. Dennoch müssen sie so früh wie möglich hinaus gestellt werden, da sie Licht zum Austreiben brauchen. Bei nächtlicher Kälte sollten sie daher auch im Frühling mit Matten, Vliesen oder Folien abgedeckt werden.

Hochzeit – Das Fest vom großen Glück

Kreative Ideen für den

Sommer

Hochzeit im Grünen

Blühende Ideen für den schönsten Tag im Leben

Sagen Sie „Ja!“ zu einem traumhaften Fest wie auf der Sommerwiese. Gräser und bunte Blüten versetzen die ganze Gesellschaft in strahlende Laune. Wenn das kein guter Start in ein gemeinsames Leben ist!

Wie ein Röckchen legt sich die Manschette aus Gerstenähren um den Brautstrauß aus Rosen, Margeriten, Schneeball und Maiglöckchen. So edel kann der Naturlook sein.

Klassisch rund gebunden und perfekt für mädchenhafte Bräute. Ein Strauß aus Margeriten, Zinnien, Bartnelken und Leberbalsam. Der Naturlook wird von einem Kranz aus Rapsfrüchten betont.

Ihr sollt auf Blüten gehen! Das süße Blumenmädchen streut seine duftenden Schätze aus einem Korb aus Gerstenähren, passend zum Look der Wiesenhochzeit.

Holen Sie die Wiese auf die Festtagstafel und laden Sie Ihre Gäste zum edlen Hochzeitspicknick. Ein langer Fries aus Gräsern und Sommerblüten versprüht ländlichen Charme auf dem Tisch.

Ehrenplätze für das Brautpaar. Große Kränze aus Rapsfruchtständen und flatternde weiße Bänder schmücken die Stühle im natürlich-edlen Look. Bitte Platz nehmen!

Märchenhochzeit in Rosarot

Romantische Blütenideen für den schönsten Tag im Leben

Wer sich im Sommer das Ja-Wort gibt, feiert natürlich gerne unter freiem Himmel. Am liebsten genauso zauberhaft wie im Märchen. Mit Blumen in zarten Pastelltönen wird der besondere Tag zu einer ganz unvergesslichen Blütenromanze.

Fotos: Rachel Dubbe/Braut & Bräutigam Magazin

Links: Eine schöne Erinnerung für die Gäste sind diese mit Blüten gefüllten Tütchen aus Rosenpapier. Sie sehen nicht nur für den Moment sehr hübsch aus, sondern lassen auch in getrocknetem Zustand an eine unvergessliche Feier zurückdenken.

Rechts: Eine wahre Naturschönheit ist dieser fließende Brautstrauß. Wicken, Ehrenpreis, Fuchsschwanz und Mühlenbeckie ranken verspielt um rosafarbene Rosen und aus den Händen der Braut.

So entzückt wirklich jeder Rücken. Die mit Blütengirlanden verzierten Stühle laden Braut und Bräutigam zu einem kurzen Ruhemoment ein. Mit romantischen Schleifen angebundene Namenskärtchen weisen den richtigen Platz zu.

Für die Hochzeitstafel! Die üppigen Gestecke aus Rosen, Wicken, Frauenmantel und Schleierkraut wirken im Zusammenspiel mit Satinschleifen und hohen Kerzen elegant und duften dazu auch noch herrlich.

Die schönsten Bräuche zur Hochzeit

! Am Tag der Hochzeit sollte jede Braut „etwas Altes, etwas Neues, etwas Blaues und etwas Geborgtes" bei sich tragen. Ursprünglich gehörte auch ein Glückspfennig im Schuh zum Brauch.

! Nach der Hochzeitsfeier trägt der Bräutigam die Braut in die gemeinsame Wohnung, da unter der Türschwelle böse Geister lauern sollen.

! Die Braut steht den unverheirateten Frauen mit dem Rücken zugewandt gegenüber und wirft ihren Brautstrauß. Wer ihn fängt, heiratet als nächstes.

Im Namen der **Rose**

Brautsträuße mit der Blume der Liebe

Egal, ob romantisch, ausgefallen oder schlicht: In unseren Brautsträußen spielen Rosen die Hauptrolle. Wenn das kein gutes Omen für das gemeinsame Leben ist!

Rosenfülle zum Schwelgen! Von Aprikot über Rosé und Pink bis zum tiefen Dunkelrot geht die Farbpalette der Blüten, die zu einem runden Strauß verarbeitet wurden. Eine üppige Manschette aus dunklem Efeu sorgt für einen ruhigen Rahmen.

Links: Ein Brautstrauß, der die Sinne betört. Denn das tütenförmige Bukett aus gefüllten Rosen und Holunderbeeren erfreut nicht nur das Auge. In Kombination mit der Ummantelung aus Rosmarin verbreitet es auch dezenten Duft.

Unten: Üppig fließen Efeuranken aus einer Blütenkugel in sinnlichem Dunkelrot und Pink. Einzelne angedrahtete rote Rosenblätter zwischen dem grünen Efeu schaffen eine harmonische Verbindung.

Wissens gewusst wert

Sie sind die Blumen der Liebe und mit jeder Farbe lassen sich andere Gefühlsnuancen ausdrücken. So sagen rote Rosen, einer Legende nach gefärbt vom Blut der griechischen Göttin Aphrodite, „Ich liebe dich leidenschaftlich".

Auch rosafarbene Rosen sprechen von der Liebe, wenn auch nicht ganz so leidenschaftlich. „Ich liebe dich zärtlich", heißt es, wenn man Rosen in Rosé verschenkt.

Weiße Rosen symbolisieren die Reinheit und die Unschuld Marias und – in der römischen Mythologie – Verschwiegenheit . „Ich liebe dich heimlich" erklärt also eine weiße Rose.

Unten: Romantisch verspielt, so lieben es Bräute im Überschwang der Gefühle. Da passen die zarten, duftigen Ranken der Mühlenbeckie, die den kugeligen Rosenstrauß umschmeicheln, perfekt zum Stil.

Rechts: Raffinesse und einen Hauch Extravaganz strahlt der Brautstrauß in Tropfenform aus. Blüten und Blütenblätter leuchten von Pink über Samtrot bis Schwarzrot.

Wenn die Funken sprühen, zünden Verliebte jetzt ein buntes Blütenfeuerwerk! Farbenfroher Blumenschmuck strahlt mit dem Brautpaar um die Wette und lässt den schönsten Tag im Leben unvergesslich werden.

Bei dem kugeligen Brautstrauß aus kleinblütigen Sommerblumen macht das Herz garantiert Luftsprünge! Besonders rund wird's durch einen Brautstraußhalter, auf den die bunte Mischung gesteckt wird.

Hochzeit in bunt!

Blumiges Farbfeuerwerk für Verliebte

Munterer Mix: Die üppige Blütenkugel passt perfekt zum bunten Blumenflor des Brautstraußes. Zusammen mit einem rosafarbenen Seidentuch begleitet sie das Ja-Wort am Altar.

Oben: Ein romantischer Blütenregen umfängt das Brautpaar beim Auszug aus der Kirche. Natürlich sind auch die Streukörbe der Blumenmädchen passend mit farbenfrohem Draht verziert!

Links: Für die Fahrt ins Glück wird der schicke Flitzer mit einem leuchtenden Blumenkranz geschmückt, in dem sich zwei rote Herzen symbolträchtig vereinen.

Unten rechts: Fröhliches Gesteck: Weißes Schleierkraut trägt das blumige Kissen aus Rosen, Rittersporn, Bartnelken, Kamille und weiteren bunten Blüten. Die knallrote Gerbera setzt die Ringe imposant in Szene.

Wenn zwei sich lieben

So wird's der schönste Tag des Lebens

Ein Brautstrauß mit natürlicher Anmut. Rund aber locker gebunden vereinen sich Pfingstrosen, Wicken, Jungfer im Grünen, Lavendel und Gräser zu einem unkomplizierten Prachtstück.

Endlich ist er da, der große Tag! Genießen Sie das Ja-Wort natürlich, lässig und voller Freude. Blütenschmuck in sommerfrischen Blautönen verzaubert die Gäste mit seinem Charme – genau wie das Brautpaar!

Foto: www.masterhand.com

Zwei Fliegen mit einer Klappe schlagen die **Platzkarten,** die gleichzeitig Serviettenschmuck sind. Im breiten Chiffonband stecken einzelne Blüten und Kräuter, auf einer Papierbanderole stehen die Namen der Gäste.

Mit Vollgas ins Eheglück geht es mit diesem **Autoschmuck.** Der üppige Kranz passt mit seinen Blüten farblich zur übrigen Dekoration des Festes. Spezielle Halterungen befestigen ihn lackschonend aber sicher auf der Motorhaube.

Passend zum sommerlich-natürlichen Look der Braut ist auch der **Reversanstecker** für den Bräutigam gestaltet. Rittersporn, Chrysanthemen und die Ranken von Acker-Hellerkraut sind in Tropfenform gearbeitet.

Lässig und ein wenig maritim mit Seesternen und Muscheln schmückt ein sommerlicher **Tischfries** die Hochzeitstafel. Pfingstrosen und Wicken spielen die blühende Hauptrolle in der einladenden Dekoration.

Damit die Gäste auch nach dem Fest nochmal auf das junge Glück anstoßen, gibt es als kleines **Give-away** Piccolo-Fläschen mit individuellen Etiketten. Band und kleine Treibholzstückchen passen zum Look des Festes.

Fotos: Iris Planting/Braut & Bräutigam Magazin

Foto: www.masterhand.com

Fahrt ins Glück

Für Verliebte sind alle Ampeln auf Grün geschaltet! Teilen Sie Ihr Glück an Ihrem schönsten Tag mit allen, die Ihnen nahe stehen, und feiern Sie eine Traumhochzeit im sommerlichen Blütenmeer unter der freundlich lachenden Sonne.

Oben: Romantisch und liebenswert ist der rund gebundene Brautstrauß aus Wicken in Lila und Pink. Zum Werfen viel zu schade!

Unten: Ehre, wem Ehre gebührt, auch wenn's bei der Outdoor-Hochzeit lässig zugeht: Die Plätze von Braut und Bräutigam sind mit bunten Girlanden aus Sommerblüten und wehenden Bändern geschmückt.

Oben: Über die ganze Festtafel zieht sich die Ranke aus sommerlichen Margeriten, Wicken und Gräsern und garantiert unkomplizierte Feststimmung.

Foto: contrastwerkstatt - Fotolia.com

Muttertag –
Du bist die Beste!

Kreative Ideen für den

Sommer

Dieser Strauß ist für dich! Der Mix aus edlen Rosen, Wicken, Erdbeeren und wilden Gräsern bringt garantiert jedes Mutterherz zum Schmelzen.

Für dich

Rosenträume zum Muttertag

Seit 1923 sagen wir in Deutschland einmal im Jahr offiziell Danke für alles, was Mütter tun, vom Kochen übers Hausaufgabenbetreuen bis zum Tränentrocknen. Und welche Blumen drücken das besser aus als Rosen?

Oben: Ein prächtiges Gesteck wird zum Mittelpunkt der Tafel. Kombinieren Sie gefüllte rote Rosen mit Funkienblättern und Astilben. Jetzt fehlen nur noch die Geschenke aus der Küche.

Unten: Mama, du bist ein Schatz! Das rosengefüllte Schatzkästchen sagt's klar. Schlagen Sie das Kästchen mit Folie aus und halten Sie die Blüten in Steckschaum frisch – dann hält's lange!

Oben: Die Vielfalt macht's. Ob kleine Moosrose, langstielige Schönheit oder gefüllte Bauernrose, am Muttertag ist für jede Platz auf dem Tisch. Als Gruppe in verschiedenen Gläschen oder als Einzelstück zum Frühstück am Bett, die Botschaft ist klar: Alles Gute zum Muttertag, liebe Mama!

Du bist die Beste!

Blühende Überraschungen zum Muttertag

In vielen Ländern wird der Muttertag gefeiert. In Deutschland immer am zweiten Sonntag im Mai. 1914 in den USA auf Initiative von Anna Jarvis eingeführt, wird er in Deutschland seit 1949 offiziell gefeiert. Immer wieder eine schöne Gelegenheit, mal besonders liebevoll „Danke“ zu sagen fürs Kochen, Abhören der Vokabeln, Waschen der Fußballtrikots oder fürs Trösten.

Ob Kaffee oder knusprige Kekse, in jeder Küche gibt es einen Job für solch eine niedliche Dose. Zum Überreichen steht, in einem Glas, ein Strauß aus Duftwicken und Frauenmantel darin.

Der Himmel zu Füßen der Mütter

Oben links: Wenn die lieben Kleinen im Bett sind, ist Zeit für ein gemütliches Stündchen bei Kerzenschein. Die Flamme leuchtet in einem Kranz aus Hortensien und Pfingstrosen besonders schön.

Oben: Blüten in Tüten. Zusammengerollt wird aus mit Geschenkpapier bezogener Pappe eine originelle Verpackung für einen Strauß aus Maiglöckchen, Hortensien und Gräsern.

Links: Damit Mutti öfter mal eine Kaffeepause macht, bekommt sie einen sommerlichen Becher, gefüllt mit Hortensien, Pfingstrosen und Frauenmantel.

Der Strauß aus Rosen und Duftwicken in zarten Pastellfarben wird durch verschiedene Gräser aufgelockert. Eine romantische Note bekommt das Arrangement durch raffiniert eingearbeitetes Seidenpapier.

Bald ist wieder Muttertag! Und da Blumen mehr sagen als tausend Worte, sind sie ein besonders liebevolles Dankeschön zu diesem Anlass. Mit sommerlich-romantischen Rosensträußen kommt die Botschaft bestimmt an!

Danke, Mama!

Rosensträuße zum Muttertag

Oben links: Pretty in Pink: Der Rosenstrauß in sommerlicher Knallfarbe wird durch den Rahmen aus Frauenmantel und Ackerhellerkraut in frischem Grün zum außergewöhnlichen Präsent.

Oben: Eine runde Sache! Der pralle Strauß aus verschiedenfarbigen Rosen, Schleierkraut und Thymian macht Sommerlaune und bringt die Beschenkte zum Strahlen.

Links: Im Farbmix aus verschiedenen Rot- und Rosétönen wirken Rosen besonders lieblich. Betont werden die edlen Blüten von der Manschette aus Kerbel in zartem Grün und Weiß.

Rechts: Rote Rosen für die beste Mutter der Welt! Zusammen mit weißen Sommerblumen wie Bartnelken, Mutterkraut, Duftwicken und Sumpf-Schafgarbe sowie einer dekorativen Heumanschette begeistern sie im klassischen Country-Look.

Zum Muttertag

Schenken mit Herz

Wir haben dich sooooo lieb! Über blühende Kleinigkeiten freut sich jede Mutter – erst recht, wenn sie so romantisch und verspielt daherkommen und mit ganz viel Herz überreicht werden.

Linke Seite: Ab sofort werden wir die reinsten Engel sein! Das romantische Gesteck aus Rosen, Gerbera und Schleierkraut ist nur der Anfang und der Glanzbildengel ist ein Versprechen.

Rechts: Der herzige Kaffeebecher wird kurzerhand zur Vase umfunktioniert und mit rosaroten Blüten gefüllt, bei denen Rosen natürlich nicht fehlen dürfen.

Unten: Eine ganze Schachtel voller Liebe verspricht die romantische Pappdose, üppig gefüllt mit Rosen und Lysianthus. Aus dem Patchworkherz wird später ein blumiges Nadelkissen.

Tipp

Herzliche Deko für Sträuße und Gestecke ist selbstgebastelt noch persönlicher! Einfach Zierperlen auf Steckdraht auffädeln und dann mit der Zange in Form biegen.

Unten: Sommerliche Blüten werden zum Blickfang in der Steckschale, die ein neues Kleid aus Blümchenstoff bekommt. Das Zierdrahtherz spricht Bände!

Beste Bohne

Dufte Geschenke zum Muttertag

Wenn die Mama eine begeisterte Kaffeetrinkerin ist, wird sie sich über diese originellen Ideen besonders freuen.

Oben: Ein Hoch auf den guten alten Filterkaffee! Die schönsten Blütenexemplare werden kurzer Hand in Filtertüten gesteckt und zum herbstlichen Strauß gebunden.

Links: Kaffeeduft liegt in der Luft, wenn dieses Gesteck erst auf der Tafel steht. Ein schlichter Topf wurde über und über mit Kaffeebohnen beklebt. Steckschaum hält die lachsfarbenen Nelken und den grünen Rahmen aus Zittergras frisch.

Oben: Was man mit einem halben Pfund Bohnen so alles machen kann! Der Kaffee dient als Sichtschutz, dahinter verbirgt sich Steckschaum, der der herbstlichen Blütenmischung Halt gibt.

Links: Statt der Kuchenplatte zieren die Tortenspitzen einen runden Dahlienstrauß im Biedermeierstil. Einfach mehrere Deckchen übereinander legen, in die Mitte ein Kreuz schneiden, den Strauß durchstecken und mit Bast fixieren.

Fotos: Marc Nicke - Fotolia.com (1), dubova - Fotolia.com (1)

Ganz schön zugeknöpft

Zum Muttertag greifen die Kinder mal ins Nähkästchen und basteln für die Mütter Kunstvolles aus Knöpfen und Co. Geschenke, über die sich die Mama besonders freuen wird.

Knopf an Knopf wird aus dem schlichten Glas eine originelle Vase. Wichtig ist, dass der Farbmix stimmt! Dann geht's ans Kleben und im Nu haben Traubenhyazinthe und Co. ein neues Heim.

Wickeln Sie Ihre Servietten einfach ein! Dekorative Knöpfe auf farblich passende Bänder fädeln, um die Serviette wickeln und fertig ist die schnelle Idee, die auf jedem Tisch der Hingucker ist.

Ein sanftes Ruhekissen – mit Knöpfen wird ein tolles Dekostück daraus. Erst abgesteppt und dann verziert, lädt es aufs Sofa zum Kuscheln ein. Auch ein tolles Geschenk!

Mit kleinen Accessoires, wie diesem Armband, kann man jeden Farbtrend schnell mitmachen. Fix auf Gummiband gefädelt, wird aus ganz verschiedenen Knöpfen das Must-have der Saison.

Sommerglück – Spaß mit Deko

Kreative Ideen für den

Sommer

Stilechte Blitzdeko für die sommerliche Kräuterparty. An einer gespannten Kordel werden kleine Sträußchen aromatisch duftender Kräuter mit Holzklammern aufgehängt. So sorgen Thymian, Petersilie und Rosmarin für dufte Stimmung.

Lust auf Kräuter

Aromatische Geschenke aus der Natur

Frische Kräuter bereichern mit ihrem köstlichen Geschmack und verführerischen Duft unsere Küchen. Dass sie auch die optischen Sinne verwöhnen, beweisen unsere Dekoideen , bei denen die Pflanzen in Szene gesetzt werden und gleichzeitig immer für kulinarische Experimente parat stehen.

Oben: Ein Mini-Kräutergärtchen verströmt hier sein Aroma im idealen Fensterbrettformat. Die Deko aus Rindenstücken sorgt für den Naturlook.

Unten: Tomaten und Kräuter – ein Dreamteam! Einfach in bedruckte Töpfe gefüllt, machen sie eine gute Figur – bis sie auf dem Teller landen.

Petersilien-Pesto

Zutaten:
75 g gehackte Petersilie,
2 Zehen Knoblauch,
40 g geröstete Pinienkerne,
40 g geröstete Mandelblätter,
65 g geriebener Parmesan,
150 ml Olivenöl, Pfeffer, Salz

Zubereitung:
Alles im Mixer pürieren und mit dem Mörser zur Paste verarbeiten. Olivenöl dazugießen, bis die Paste bindet. Restliches Öl dazugeben, abschmecken, kühl stellen.

Oben: So entstehen Inspirationen in der Küche: Der Ananassalbei ist mit einem bunt umwickelten Spieß aus Minikartoffeln und getrockneten Tomaten fantasievoll aufgepeppt.

Kräutertöpfe

Die richtige Würze zum Verschenken

Frische Kräuter sind nicht nur echte Vitaminspritzen, sondern auch eine tolle Geschenkidee. In der passenden Verpackung und mit netten Accessoires sorgen sie jetzt richtig für Pep. Und warum nicht mal Gesundes verschenken?

In einem leuchtend gelben Glasgefäß bringt Rosmarin das Aroma und die Sonne des Südens ins Haus. Der Kochlöffel steckt in einem Luffaschwamm und wird mit Draht befestigt. Da freut sich nicht nur die Köchin.

Oben links: Melisse im Ringellook. Dafür wird der Topf mit Folie und Papier umwickelt. Eine feuerrote Peperonischote und bunte Bänder sorgen für den richtigen Pep. Wie wär's mit einem würzigen Rezept dazu?

Oben rechts: Täuschend echt! Eine gelbe Paprika leuchtet zwischen krausem Zitronenthymian. Wer genau hinschaut, entdeckt, dass das Gemüse eine Kerze ist. Peddigrohr und Fransenband sind locker um die Pflanze gewunden.

Links: So zeigt sich Salbei von seiner bunten Seite. Nach dem Topf-im-Topf-Prinzip umgibt ihn farbiges Granulat und eine Manschette aus Papier und Band. Partygabeln mit aufgepiekstem Knoblauchknollen machen Appetit auf mediterrane Köstlichkeiten.

Gewusst wie!

Wie hält die Gemüsekerze im Pflanzengrün? Kerzenteller mit zwei Dornen sind die Lösung. Die Kerze wird einfach darauf gepiekst und mit dem Halter durch die Pflanze in die Erde gesteckt. Ein paar Pflanzenranken drum herum kaschieren die Technik.

Originelle Dekoideen direkt von der Wiese

Es grünt so grün

Zwischen Wiesen und Feldern die Seele baumeln lassen – ein Picknick im Grünen ist schon was Feines! Dazu passen fröhliche Dekorationen aus frischen Gräsern, die Ihnen den Charme der Natur im Handumdrehen auch nach Hause holen.

Für die raffinierten Blumenpäckchen werden zwei verschieden große Gläser ineinander gestellt. Dann die Blüten ins innere und die Gräser ins äußere geben. Zum Schluss werden die umgeschlagenen Gräser mit Band fixiert.

Zu schmalen Zöpfen geflochtenes Grün weckt Kindheitserinnerungen und dient als dekorativer Blickfang. Denn damit lassen sich zum Beispiel simple Kerzenständer ganz einfach aufpeppen.

Ein schlichtes Windlicht wird zur originellen Lichtquelle, wenn man es mit einer Girlande aus groben Grasknoten und grünem Faden umwickelt. So kann bis in die Nacht hinein gespeist und gefeiert werden!

Bei dem locker umwickelten Kranz dürfen einzelne Halme gerne frech herausstechen. An die integrierten bunten Bänder lassen sich zusätzlich noch mehrere Knoten aus Gras hängen.

Einfacher können Minivasen im Natur-Look nicht sein. Dafür brauchen Sie lediglich Gras, wassergefüllte Glasröhrchen, Zierdraht und natürlich einzelne Blüten – wie zum Beispiel die strahlend blauen Skabiosen.

Aufgeblättert

So entfalten Funkien ihre volle Schönheit

Im Garten ist die Blattschmuckstaude ein Gewinn für Beet und Kübel. Jetzt kommt sie in sommerlichen Sträußen im frischen Grün-Weiß-Look zu neuen Ehren.

Wie eine sich öffnende Knospe geben die Blätter den Blick auf die blühende Mitte aus Nerinen, Sterndolden und grünen Bartnelken frei. Mehr als 40 Arten und 4.000 Sorten Funkien gibt es weltweit.

„Bicolor" ist das Motto des Straußes, das Blätter und Blüten mitmachen. Den grün-weißen Mix aus Dahlien, Phlox, Knorpelmöhre, Bartnelke und vielem mehr umgibt eine üppige Manschette aus panaschierten Funkienblättern.

Als dekorative Solisten ziehen die weißen Gladiolen alle Blicke auf sich. Den perfekten Rahmen, der die Blüten zur Wirkung bringt, bilden Funkienblätter. Die Staude wird übrigens auch Herzblattlilie genannt.

Blüten in Tüten! Dazu werden die dekorativen Blätter einfach zusammengedreht. Ihre blühende Füllung besteht aus Margeriten, Phlox, Glockenblumen und gelbem Rainfarn.

Sauer macht lustig!

Zitrusfrische Ideen für heiße Tage

Endlich Sommer! Stetig steigende Temperaturen sorgen für gute Laune und machen Lust auf mediterranen Lebensstil. Ob als Partydekoration oder nette Geschenkidee – mit Zitrusfrüchten holen Sie sich jetzt den aktuellen Frischekick!

Linke Seite: Bis zur Ernte sind die Limetten am Minispalier ein dekorativer Schmuck auf dem Terrassentisch. Leuchtende Orangenscheiben aus Kunststoff werden mit Draht daran befestigt und bringen Farbe ins Spiel.

Links: Crema di Limoncello ist eine Spezialität aus dem Süden Italiens und verlängert das Urlaubsfeeling.

Links: Tolle Geschenkidee im Sommer. Der Strauß in frischen Gelb- und Grüntönen wird einfach mit angedrahteten Zitronen aufgepeppt.

Oben: Das Kumquat-Hochstämmchen trägt schon reichlich Früchte und wurde mit einem knallgelben Topf und künstlichen Zitronenscheiben herausgeputzt.

Willkommen zum Gartenfest!

Origineller Blütenspaß als Mitbringsel

Die sonnige Jahreszeit ist da – und mit ihr rauschende Feste unter freiem Himmel. Mit unseren blumigen Geschenken für die Sommerparty liegen Sie bei Familie und Freunden immer richtig!

Oben links: Der farbenfrohe Blütenball aus Garten-Chrysanthemen, Rittersporn, Mutterkraut und Bartnelken ist ein echter Blickfang. Als Basis dient eine Steckschaumkugel, Peddigrohr mit blauer Filzblume bildet den pfiffigen Rahmen.
Oben: Im hohen Bogen! Die blühende Pracht wird von gebogenen Gräsern überragt, auf denen bunte Filzblüten stecken. Eine Serviette mit fröhlichem Blumenmuster verschönert das flache Gefäß.
Links: Was versteckt sich denn da? In den bunten Sommerstrauß haben sich leuchtende Filzblüten eingeschlichen, die lässig auf Peddigrohr gesteckt wurden. Den Steckschaum in der Vase kaschieren große Blätter.
Rechts: Die textile Blütenschönheit, die aus gemustertem Stoff und einem bespannten Knopf schnell selbst genäht ist, peppt das blumige Kästchen munter auf. Gelbe Drahtbögen umrahmen das Ganze locker-leicht.

Fotos: Monkey Business - Fotolia.com (1)

Sommerlichter

So setzen Sie Ihr Gartenfest in Szene

Im Sommer wird die Nacht schnell zum Tag. Laue Abende genießt man am liebsten lange und mit netten Freunden. Und wenn es zu dämmern beginnt: Erhellen Sie die Dunkelheit mit stimmungsvollem Kerzenlicht!

Blitzschnell von der Wiese auf den Gartentisch! Gras und Gänseblümchen sind ein liebenswerter Rahmen für eine blütenförmige Kerze im Glas.

Oben links: Kleine Kieselsteine und Wasser sorgen dafür, dass die Kunststoffkörbe mit der Stumpenkerze auch bei unebenem Boden nicht so leicht ins Wackeln geraten. Kosmeen und Gräser sorgen für Sommerlaune.

Oben: Aufgereiht werden sie schnell zum stimmungsvollen Tischschmuck. In himmelblauen Schälchen wirken gestreifte Kerzen, Margeriten und Frauenmantel herrlich fröhlich.

Links: Die Teelichter im Glas pustet auch der Sommerwind nicht schnell aus. Für Farbe sorgen Granulat und Kordel, die ums schmale Trinkglas gewickelt wird.

Rechts: Blütenspaß für Romantiker: Einzelne Zinnien ums Teelicht gebunden, machen es möglich. Damit die Blüten frisch bleiben, werden sie mit Wasser aus der Schale versorgt.

Pepp mit Papier

Raffinierte Blumengeschenke

Blumen und Seidenpapier sind eine bekannte Kombination. Normalerweise beschränkt sich der Gebrauch auf simples Einwickeln. Wir zeigen Ihnen, wie mit dem hauchzarten bunten Papier blumige Geschenke zu kleinen Kunstwerken werden.

Links: Kein passendes Gefäß zur Hand? Schlagen Sie doch einfach gewässerten Steckschaum in Folie ein. Zugeschnittenes Seidenpapier wachsen und an den Seiten hochschlagen. Der unkomplizierte Blütenmix aus dem Garten ist schnell eingesteckt.

Aus alter Tapete, gewachstem Seidenpapier, Tonkinstäben und Papierdraht entsteht eine tolle Bande, die auch sommerliche Blumen gern mit aufnimmt. Eine flache Schale sorgt für die Wasserversorgung.

Oben: Wie von einem anderen Stern wirkt die optisch verlängerte Vase mit ihren Stacheln aus in Wachs getauchtem und gezwirbeltem Seidenpapier. Damit die Blüten ausreichend Halt und Höhe bekommen, wird der untere Teil der Vase mit Frischblumensteckschaum befüllt.

Links: Sie wollen einen Blumenstrauß noch zusätzlich aufpeppen? Setzen Sie knallige Akzente und sorgen Sie damit für eine richtige Farbexplosion. In dem Strauß aus rosa- und lilafarbenen Blüten sind die angedrahteten türkisen Seidenpapiere aufregende Farbklekse.

Links: Eine runde Sache! Die bunte Manschette aus gewachsten Papierschnipseln wird einfach über die Öffnung der Kugelvase gelegt und peppt so das Gesteck aus Rittersspornblüten auf.

Dekoideen für Hochstapler

Etageren dekorativ in Szene gesetzt

Sie brauchen mehr Platz für all Ihre Ideen? Stapeln Sie doch hoch! Etageren setzen schöne Dinge ins rechte Licht.

Sushi floral! Blätter, Gräser, Blüten und Fantasie – mehr braucht man nicht, um die exotischen Leckerbissen fürs Auge zu basteln. Auf einer modernen Holzetagere kommen sie toll zur Geltung.

Verführerisch und zum Essen fast zu schön: Erdbeeren ranken auf der obersten Etage, unten stehen kleine Gläschen mit Erdbeerquark und Schokolade. Alles Ton in Ton in Rosarot und einfach zum Anbeißen.

Rundum edel ist das Arrangement aus einer silbernen Etagere mit besteckten Kugeln ganz in Grün und Weiß. So raffiniert werden Rosen, kleine Zieräpfel, Silberpappelblätter oder Hortensien selten inszeniert.

Großer Auftritt für kleine Bluten! In Minitöpfen, mit Steckschaum oder Erde gefüllt, kommen auch einzelne Blüten aus dem Garten und Kräuter richtig gut zur Geltung. Besonders romantisch wirkt's, wenn man sich für eine Farbwelt entscheidet.

Dekorationen aus der Heißklebepistole

INS NETZ GEGANGEN

Ohne Netzwerke geht gar nichts – auch beim Dekorieren. Heißkleber, Farbspray, Sommerblumen und Fantasie – mehr brauchen Sie nicht.

Linke Seite: Die **Sommerwiese** kommt auf den Tisch! Die Basis für das Gitter ist eine Gugelhupfform. Einfach kreuz und quer mit der Heißklebepistole Fäden darüber legen. Unter der Haube steht ein Gefäß, das die Blüten mit Wasser versorgt.

Ganz links: Die Heißklebekugel ist wie eine **Manschette** für den Strauß. Die Form entsteht durch eine kugelförmige Vase. Tipp: Vor dem Bekleben mit Spülmittel einreiben und nach dem Trocknen in kaltes Wasser tauchen, dann lässt sie sich leicht lösen.

Links: Für die **Flaschensammlung** brauchen Sie kleine Wasser- oder Limofläschchen. Damit's so schön bunt wird, werden die Heißklebeformen mit Farbspray koloriert.

Unten links: Der **Kranz** aus Heißkleber ist ein Hingucker und tut als Steckhilfe gute Dienste. Eine Kranzkuchenform dient als Bastelhilfe, um Margeriten und Co. in Form zu bringen.

Unten: Der **Wildwuchs** aus Sommerblüten und Gräsern bekommt Stand und Struktur durch ein himmelblaues Klebstoffgitter. Die Haube können Sie einfach umgedreht über die Schale legen, die als Rohform diente.

Die Ernte vom Gang durch den Blumengarten sorgt für Genuss im Haus. Mit blauem Granulat und passender Kordel bekommt das Arrangement noch einen kräftigen Farbkick.

Gruß aus der Küche

Blühende Ideen mit Einmachgläsern

Eins, zwei, drei zum Countrystyle! Holen Sie verborgene Schätze aus dem Küchenschrank und peppen Sie sie mit Sommerblüten und fröhlichem Karo zu Vasen im trendigen Landhaus-Look auf.

Deckelgläser mit ein paar Rosen und Wiesenblumen sind eine perfekte Tischdeko im Landhauslook. Toll, wenn einige gleich als Leuchter dienen. In Sand stehen die Kerzen sicher und stabil.

Milchflaschen en Miniature. Mit bunten Blumen sehen sie gleich richtig gut aus. Tipp: Binden Sie einfach vier davon mit Filz- und Karoband zusammen, das bringt Farbe ins Spiel.

Mixen Sie ruhig Gläser in verschiedenen Größen, das wirkt lässig! Farbe gibt's mit Sommerblüten von Hortensien über Rosen bis zu Strandflieder und Schleierkraut und buntem Granulat.

Einzelne Blumenstiele wollen nicht im Glas halten? Die einfache Steckhilfe ist schnell selbst gemacht. Ein Twist-off-Deckel wird angestrichen, damit man den Aufdruck nicht mehr sieht. Dann werden Löcher in den Deckel gebohrt und die Blüten eingestellt. Der angesagte Vintagelook wird durch die graue Farbe und den erkennbaren Pinselstrich verstärkt.

So kommt die Wiese direkt auf den Tisch: Japanischer Flügelknöterich ist nicht nur dekorativ, sondern dient Margeriten und Co. im umfunktionierten Windlicht außerdem als Steckhilfe.

Blüten und Accessoires in leuchtenden Farben bringen natürlich-wilden Wiesencharme auf die Tafel und sorgen so für strahlende Laune bei Ihren Gästen. Lassen Sie es sprießen!

Blühende Sommerlaune

Tischdeko im Wiesen-Look

Ob als farbenfrohe Tischdeko oder Give-away für Ihre Gäste – die bunten Vasen mit Schnittblumen kommen immer gut an! Geschmückt werden sie von Kränzen aus Frauenmantel, Trommelschlägel oder Schleierkraut.

Schöner Schein! Ein strahlender Mix aus verschiedenen Blüten umringt die brennende Kerze. Diese steht in einem zusätzlichen Glas, im Zwischenraum werden die Blumen gut mit Wasser versorgt.

Einzelne Blüten bringen orangefarbene Leinenservietten zum Strahlen. Mit schmalem Satinband und einer bunten Deko-Klammer sind Gerbera, Skabiose und Dahlie schnell befestigt.

Blühende Köstlichkeiten

Geschenke aus der Sommerküche

In diesem Sommer blüht und sprießt es auch in der Küche! Natürlichen Leckereien wie Möhren, Radieschen und Co. verpassen wir ein Blumenkleid und überraschen damit unsere Lieben.

Flotter Fenchel: Links im prallen Blütenmix fast versteckt, bekommt der prachtvolle Milchstern in der rechten Knolle einen Soloauftritt. Steckschaum hält die Blumen lange frisch.

Den grünen Strunk keck in die Höhe gereckt, bilden Möhren einen knalligen Rahmen für verschiedenfarbige Mohnblumen, die in Wasserröhrchen gut versorgt sind.

Der rote Radieschenreigen wird von Schneeball überragt, den eine leuchtende Gerbera krönt. Grüner Filz und buntes Band kaschieren den Steckschaum.

Frisch-grünen Chrysanthemenblüten wird mit der feurigen Manschette aus scharfen Chilischoten ein knallroter Farbkontrast entgegengesetzt. Als Basis dient Steckschaum, der unten mit Lorbeerblättern abgedeckt wird.

Zu dekorativen Rothäuten werden Zwiebeln zusammen mit weißen Mohnblüten und Schlaufen aus Schlangenbart. Zahnstocher und Steckschaum sorgen für den nötigen Halt.

Knete ohne Ende

Eine bunte Sommertafel für Groß und Klein

Lässig, kunterbunt und unverwüstlich! Eine sommerliche Tischdekoration aus Knete und Wiesenblumen ist sogar robust genug für die Tafel im Rapsfeld. Und beim Basteln können auch schon kleine Hände mithelfen.

Wetten, die Hauptzutaten für diese Tischdekoration finden sich in fast jedem Haushalt mit Kindern. Leere Joghurtflaschen, Knete und Sommerblüten vom Feld gehören dazu. Und für Naschkatzen stehen Stangen aus Mäusespeck in Glasröhrchen, die von Kneteschnecken gehalten werden.

Damit die Gäste wissen, wo der Tisch für sie gedeckt ist, wird die Knete kurzerhand zu Kugeln gerollt. An Zahnstochern stecken die Namensfähnchen.

Wenn das kein Kinderspiel ist: Die gedrehten Kneteschlangen werden einfach zu Serviettenringen zusammengefasst. Keine Sorge: Die bunten Farben der Knetmasse sind gesundheitlich völlig unbedenklich.

Kugeln aus Knete zu drehen, das können auch schon Kindergartenkinder. Kerzen oder blumengefüllte Glasröhrchen machen tolle und individuelle Tischdekorationen daraus.

In einer flachen Schale werden die gerollten und aneinander getackerten Blätter der Schusterpalme zu einer raffinierten Steckhilfe. Inkalilien, Sterndolden, Bouvardien, Bart-Nelken und Strandflieder füllen die Mitte, am Rand bleibt die Rollenstruktur sichtbar.

Natürlicher Halt für zarte Blüten

Raffiniert eingesteckt

Mit natürlichen Helfern setzen Sie einzelne Sommerblüten jetzt gekonnt in Szene. Ob praktisch gerollt, dekorativ geflochten oder geschickt gesteckt – verschiedene Pflanzenblätter und Halme geben den Blumen sicheren Halt und ernten garantiert bewundernde Blicke.

Gebündelter Schachtelhalm bringt nicht nur einen Hauch Exotik in das Ensemble aus Sterndolde, Nelke, Rose und Co. Mit einem sogenannten Pinholder lässt er sich auch fest in einem mit Wasser gefüllten Gefäß platzieren.

Sie möchten langstielige Blumen ansprechend in einem halbhohen Gefäß arrangieren? Gerollte Bronzeblätter, die mit Stecknadeln aneinander befestigt werden, geben dem romantischen Blütenmix festen Halt.

In ein kunstvolles Geflecht aus Grannenlilienblättern lassen sich ganz einfach einzelne Blüten einarbeiten. Die Mitte bleibt frei, damit das tolle Flechtmuster zu sehen ist. Als Rahmen dienen ein paar locker eingesteckte Blätter.

Margeriten-Sommer

Blüten, wie von der Wiese gepflückt

Wenn sie ihre fröhlichen Blütengesichter der Sonne entgegenstrecken, wird es Sommer. Margeriten sind die heimlichen Stars auf saftig grünen Wiesen, als Staude in Bauerngärten und jetzt auch in Sträußen und Gestecken. Charmant wie keine andere Blume stimmen sie uns auf die schönste Zeit des Jahres ein.

Grün umschlungen von den Blättern des Schlangenbarts kommen die Margeriten gut zur Geltung und finden gleichzeitig dazwischen Halt. Gelbe Furnierstreifen setzen sonnige Akzente.

Die neuste Masche. Das raffinierte Netz aus papierumwickeltem Draht ist schnell gehäkelt. Zwischen die Schlingen werden Margeriten, Hasenohr und weißer Phlox einfach eingesteckt.

Die bunte Mischung aus Margeriten, Bartnelken, Milchstern und Efeufrüchten verbreitet sommerliches Flair. Unter der fröhlich karierten Umrahmung des Straußes versteckt sich ein Strohkranz, der mit Geschenkband umwickelt wurde.

Ein Strauß, über den die Sonne ihre Strahlen geschickt hat. Die leuchtend gelbe Papiermanschette gibt der Margerite und ihren Begleitern sicheren Halt.

Foto: ilona martin/pixelio.de

Kunterbunte Gerbera

Farbenpracht für Groß und Klein

Ob als Schnittblume oder Topfpflanze – die Gerbera ist mit ihren farbenfrohen Köpfen bei jedermann beliebt! Doch was wissen Sie eigentlich über den ganzjährig blühenden Korbblütler?

Eine für dich und eine für mich! Die Gerbera gibt es in so vielen verschiedenen Farben und Sorten, da ist garantiert für jeden etwas dabei. So wird der Sommer herrlich kunterbunt!

Gerbera – du leuchtest in allen Farben des Regenbogens und sorgst so das ganze Jahr über für gute Laune! Besonders beliebt bist du als Schnittblume, doch auch als kurzstielige Topfpflanze machst du immer eine gute Figur. Du liebst es hell und sonnig, jetzt im Sommer bist du auch gerne draußen – genau wie wir! Und das ist auch kein Wunder, schließlich stammst du aus Südafrika. Dort wurdest du im Jahre 1737 erstmals vom Holländer Jan Frederik Gronovius entdeckt und beschrieben. Er benannte dich nach dem bekannten Botaniker Traugott Gerber. Später fand dich der Pflanzenhändler Robert James auf den Feldern im südafrikanischen Barberton und so gelangtest du als „Barberton Daisy“ in den königlichen Garten von Kew bei London. 1889 wurdest du offiziell registriert und der Öffentlichkeit bekannt, bevor dich deine Reise endlich auch nach Deutschland führte. Seitdem erfreuen uns deine annähernd 50 verschiedenen Arten mit zahlreichen Hybriden in Haus und Garten. Übrigens eignest du dich auch besonders gut als Geschenk – denn in der Sprache der Blumen bedeutest du: „Durch dich wird alles noch schöner!“

Zum Kugeln! Die bunten Zweigbälle geben den Gerbera sicheren Stand und verleihen dem Arrangement eine verspielte Note. Zum Geschenk mit Glücksbotschaft werden die Blüten durch quietschbunte Schweinchen.

Fotos: Zucker/Blumenbüro Holland (3), picfive - Fotolia.com (1)

Der Duft der Provence

Mediterrane Ideen mit Lavendel

Mit Lavendel hält das Aroma des Südens jetzt auch zuhause Einzug! Kräuterfrische Dekorationen verströmen einen würzigen Duft und erinnern an die violett wogenden Felder der Provence.

Lavendel, Rosmarin und Oregano bringen mediterranes Aroma in die Küche und stehen dekorativ auf einem Tablett arrangiert, stets zum Würzen bereit. Ein paar gewundene Zweige Knöterich ergänzen das krautige Trio.

In der südländischen Küche wird Lavendel schon lange zum Verfeinern verschiedenster Gerichte, wie zum Beispiel Fleisch, Fisch, Suppen oder Salate, genutzt. Die ätherischen Öle geben aber auch Desserts, wie Mousse-au-Chocolat oder Sorbet, eine originelle Note. Probieren Sie's doch einfach mal aus!

So zieht Lavendelaroma durchs ganze Haus: Die Wärme der Kerze bringt die Blüten im Windlicht zum Duften – das hält nebenbei auch Mücken fern. Das Glas ist mit einem ebenfalls duftenden Kranz aus Rosmarin umwickelt.

Lavendelsalz

Zutaten: 100 g Meersalz, ca. 20 g Lavendelblüten

Zubereitung: Lavendel waschen, trockentupfen und vom Stängel abzupfen. Salz und Lavendelblüten auf einem Backblech verteilen. Im Backofen bei 50 °C Umluft ca. fünf Stunden trocknen, dabei die Ofentür mit einem Holzlöffel geöffnet lassen, damit die Feuchtigkeit abziehen kann. In Schraubverschlussgläser füllen oder in eine Salzmühle geben.

Lilafarbener Lavendel leuchtet mit dem Windlicht um die Wette! Die kleinen Glasgefäße nehmen den Farbton der Blüten wieder auf, in weißes Papier gewickelt wirkt das Kraut besonders lässig.

Fotos: GPP/Downderry (3)

Windlichter

Leuchtende Geschenkideen für laue Sommerabende

Die Freunde haben zum Wein auf der Terrasse geladen und Ihnen fehlt noch eine passende Geschenkidee? Wie wäre es mit einem geschmückten Windlicht? Denn sobald es draußen dämmert, kommen Sie damit ganz groß raus. Und falls Sie nicht selbst kreativ werden wollen, bitten Sie einfach Ihren Floristen.

Links: Die blaue Stunde ist nicht mehr fern. Das Windlicht schmückt ein kompakter Kranz aus Rittersporn, Leberbalsam, Phlox und anderen blauen Blüten. Steckschaum dient als Basis, in der alles sicher hält.

Unten: Außergewöhnlicher Tischschmuck für die Abendstunden. Zwischen üppigem Blütenflor leuchtet in der Dämmerung der Kerzenschein, hinter Glas geschützt. Die Blüten sind in Steckschaum fixiert, der mit Blättern verkleidet wurde.

Linke Seite: Für Romantiker. Ein Kränzchen aus Strandflieder mit apricotfarbener Rose ziert das Kerzenglas. Da die Kerze ins Windlicht eingehängt wird, bleibt darunter Platz für lose Rosenblätter.

Rechts: Schnell gemacht und lange Freude. Denn die auf Draht gezogenen Blüten sind aus Stoff und mit ein paar Tropfen Heißkleber am Glas befestigt. Die schlichte Kerze bekommt durch Granulat einen sicheren Stand.

Licht in der Dämmerung

Karibiktraum

Partydeko für exotische Nächte

Der Sundowner schmeckt nicht nur an Palmenstränden, wenn die Sonne im Meer versinkt. Mit exotischen Blüten, fremden Früchten und leuchtenden Farben verheißen die Cocktails auch auf Balkonien ganz besondere Nächte.

Zeit für den ersten Drink

Ein fantasievoller Longdrink wird zum Eycatcher an der improvisierten Bar. Die Zutaten sind ungewöhnlich: Strelitzien, eine bunte Kerze und knallige Trinkhalme, die am Glasrand stecken und den Steckschaum verdecken, der die Blüten frischhält.

Links: Ganz schön schrill! Die Rose in Regenbogenoptik ist die einzige Blüte im exotischen Fruchtcocktail. Schnell gemacht und originell ist die Dekoration aus gefärbtem Wasser und buntem Dekosand, die auf einen kräftigen Farbmix setzt.

Oben: Erfrischung gefällig? Über dieses Gastgeschenk freut sich jeder, der zur exotischen Party eingeladen hat. Frische Limonade versteckt sich zwischen Gräsern, auf denen Kumquats stecken, und dekorativen Miniananas hinterm Bastmattenzaun.

Als wäre sie frisch aus dem Haarschmuck einer Südseeschönheit, zieht die Ruhmeskrone auch als Tischdeko alle Blicke auf sich. Gemeinsam mit einer Nelke steckt sie in buntem Steckschaum, umgeben von Limettenscheiben.

Die schönsten Tischdekoideen für Daheimgebliebene

Ferien an der See

Der Sommerurlaub ist noch nicht in Sicht? Dann bringen Sie sich und Ihre Gäste schon jetzt in Ferienlaune: Mit einer Tischdekoration ganz im maritimen Stil sind Meeresrauschen, kühle Brise und warmer Sand nicht mehr fern.

Ahoi! Im blau-weiß gestreiften Matrosenlook werden Margeriten zum Hingucker auf der Tafel. Die gemusterten Papierservietten sind einfach mit einer zünftigen Kordel um die Töpfe gebunden.

Links: Da werden Schneckenhäuser zu edlen Vasen für eine blau-weiße Blütenfüllung. Die nötige Standfestigkeit erhalten die außergewöhnlichen Gefäße durch Sand in angemalten Topfuntersetzern.

Unten: Ein strahlendes Highlight für Muschelsucher. Die Fundstücke werden vorsichtig mit Schmucknadeln durchbohrt und an der Kerze fest gesteckt. Ein blauer Topfuntersetzer und Sand geben Halt.

Links: Die kleinen Faltboote aus Servietten haben einen ordentlichen Fang an Bord. Wenn Fischlis und andere Knabbereien so dekorativ angeboten werden, lassen sich die Gäste garantiert nicht zweimal bitten.

Feriengrüße von der See

Der Urlaub ist noch lange nicht in Sicht? Dann verkürzen Sie sich und Ihren Freunden doch die Wartezeit mit einem maritimen Fest. Die passende Tischdekoration ist schnell gemacht.

Fundstück von der Waterkant. Schön geformte Muscheln werden mit einem Namensschild im Handumdrehen zur originellen Tischkarte. So findet garantiert jeder seinen Platz.

Gruß von der Küste

Links: Die Flaschenpost enthält eine wichtige Nachricht: Sie verrät den Gästen die Menüfolge des Abends. Muscheln, ein Papierfisch und Sand sind die passenden Requisiten.

Rechts: Strahlendes Blau ist die Farbe des Himmels über der weiten See. Ebenso leuchten die Servietten auf der Tafel, von Kordeln und Muscheln stilvoll zusammengehalten.

Rechts unten: Kleines Leuchtfeuer. Die Kerze ist einfach mit ein paar Tropfen Wachs in der Dose befestigt und diese mit Muscheln vom letzten Urlaub zur Beschwerung aufgefüllt.

Unten: Keine Frage, wem der dicke Fisch ins Netz gegangen ist. Dank eines Hakens aus Draht gibt es nun auch bei Gläsern keine Verwechslungsgefahr mehr.

Ahoi, Kapitän! Weiße Rosen und blauer Leberbalsam sitzen in Steckschaum, der mit Matrosenstreifen in Grün und Blau aufgepeppt wird. Und darüber schwebt das Traumschiff mit weißen Segeln.

Wenn Nachbarn, Freunde und Kollegen in die Sommerfrische abgereist sind, freuen sich die Daheimgebliebenen über jede dekorative Aufmunterung, die eine Prise Ferienstimmung in den Alltag bringt. Blühendes im maritimen Look gehört unbedingt dazu.

Ein Tag am Meer

Meeresrauschen für Daheimgebliebene

Meeresschätze Kreative formen zwei Muschelhälften aus Steckschaum und verstecken Perlen, Silberdraht, eine einzelne Rosenblüte und Mühlenbeckienranken darin.

Für Muschelsucher
Zwischen Milchstern und Gräsern lassen sich wunderschöne Muscheln entdecken! Frischgehalten wird die Dekoration von Steckschaumwürfeln.

Flaschenpost Wasserratten finden einen lieben Gruß zwischen Strandflieder, Rosen, Milchstern und Gräsern auf einer von Wellen umtosten Sandbank, die aus weißem und blauem Steckschaum gebastelt wurde.

Dicker Fisch
So wird's gemacht: Auf blaue und weiße Steckschaumplatten dreimal die Umrisse eines Fischs aufzeichen und mit einem scharfen Messer ausschneiden. Die drei Formen aufeinanderlegen und mit Drahthaften zusammenfügen. Eine Ziernadel mit Perlenkopf an den Seiten als Auge einstecken. In ein Glasgefäß Sand, Steine, Wasser, Gräser und einzelne Blüten einstecken und den Fisch zu Wasser lassen.

Ins Blaue hinein

Traumhaft dekorieren mit Rittersporn

Sommerfantasien von wolkenlos blauem Himmel, Meer und Bergseen erweckt die klassische Gartenstaude. Schwelgen Sie in den schönsten Ritterspornideen und lassen Sie sich von der blühenden Schönheit inspirieren.

In einer Schale mit Schwimmkerzen arrangiert, haben einzelne Blüten nach Sonnenuntergang ihren großen Auftritt.

Oben: Natürlich, unkompliziert und mit einem kleinen Stück Sommerhimmel. So machen Einladungen Gästen und Gastgebern Spaß. Pergamentpapier wird beschriftet, gelocht und mit Steelgras an einem Zweig Rittersporn befestigt.

Wissens gewusst wert

! Das spornartige, aufwärts gerichtete Kelchblatt hat ihm seinen Namen gegeben, der stolz geformte Blütenstand und das vornehme Blau den Adelstitel.

! In der Blumensprache steht der Rittersporn für ritterliche Haltung und edle Gesinnung.

! Botanisch unterscheidet man die mehrjährige Staude Rittersporn *(Delphinum Cultivar)* vom einjährigen Garten-Rittersporn *(Consolida ajacis)*. Beide gehören zur Familie der Hahnenfußgewächse.

Oben: Die Staude Rittersporn und der einjährige Acker-Rittersporn blühen hier einträchtig nebeneinander. Mattes Porzellan und ein geweißter Zweig lassen das Blau richtig leuchten.

Links: Raffiniert windet sich ein rustikaler Kragen aus Rohr-Glanzgras um die Sträuße in Rosé und Blau.

Rechts: In Pergamentpapier eingerollt und mit beschrifteten Papierstreifen geschmückt, wird der Gartenrittersporn zum sommerlichen Give-away, das die Gäste noch zuhause an ein schönes Gartenfest erinnert.

Blau gemacht!

Kreative Tischdeko mit Draht

Blauer Himmel, weiße Wolken, zarte Blüten – machen Sie blau und holen Sie sich den Sommer auf den Tisch! Das gelingt mit unseren blumigen Dekoideen mit Draht jetzt ganz leicht.

Drahtiger Blattschmuck umgibt das Gesteck aus Rosen, Marienglockenblumen, Großer Sterndolde, Stauden-Phlox und Jungfer im Grünen und verleiht dem blauen Rahmen aus Hortensien das gewisse Etwas!

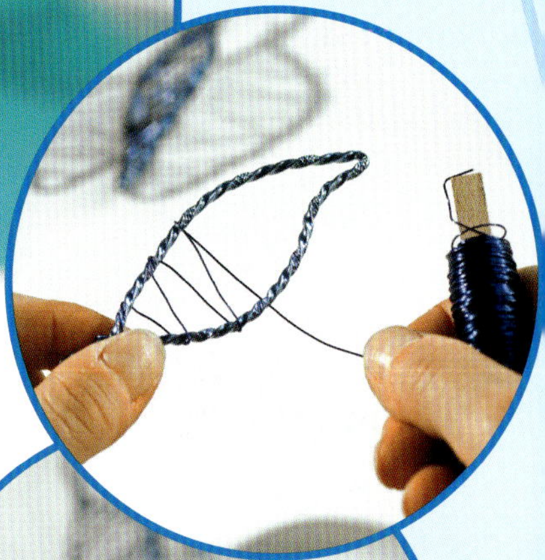

Mit einer Zange lässt sich der gedrehte 3-Kant-Dekodraht ganz einfach in Blattform bringen. Das anschließende Umwickeln mit Kupferlackdraht sorgt für die dekorative „Äderung".

Zu blaublütigen Zaungästen werden Rittersporn, Clematis und andere Sommerblüher durch eine Einfassung aus Cannastäben. Halt finden die Blüten in gewässertem Steckschaum, Aluminiumdraht hält das Ganze stilvoll zusammen.

Wissens gewusst wert

! Draht ist nicht gleich Draht! Das biegsame Kreativmaterial kann aus verschiedenen Metallen bestehen, darunter Aluminium, Kupfer, Eisen oder Messing. Besonders edel wird es mit Gold- oder Silberdraht, fröhlich bunt leuchten dagegen eingefärbte Metalle.

! Doch nicht nur auf die verschiedenen Metalle und Farben kommt es beim Basteln mit Draht an. Wer es spielerisch mag, setzt auf gedrehten 3-Kant-Dekodraht, Puristen verwenden den klassischen glatten Draht. Und ein echter Hingucker ist garantiert der auffällige, breite Flachdraht.

Bringen Sie den Sommer ins Rollen! Die blauen Räder aus gedrehtem Dekodraht, die mit Kupferlackdraht bespannt sind, „umfahren" das blumige Gesteck spielerisch. Gekrönt wird es von leuchtend blauen Hortensien.

! Wichtigstes Werkzeug beim Basteln mit Draht ist die Zange, die das biegsame Material immer in die richtige Form bringt. Während sich dickerer Draht, wie der gedrehte Dekodraht, besonders gut als Basis eignet, kann der dünnere Kupferlackdraht prima für feinere Verzierungen genutzt werden. Probieren Sie's einfach mal aus und seien Sie auf Draht!

Zum Kringeln! Der Blütenball aus Rittersporn und Wollzwiest wirkt in einer Spirale aus gedrehtem Dekodraht richtig pfiffig. Als Basis dient eine Steckschaumkugel, die die Blüten lange frisch hält.

Hol dir den *Sommer* ins Haus!

Bunte Sträuße zum Verschenken oder Selbstbehalten

Trübe Tage mitten im Sommer? Dann holen Sie sich die Sonne doch mit fröhlichen Sträußen ins Haus. Und schon glauben Sie, auf einer bunt blühenden Wiese zu stehen. Ein Gefühl, über das sich garantiert auch liebe Freunde freuen!

Raffiniert geknotete Rutenhirse rahmt mit ihren zarten Rispen wie ein duftiger Schleier den lässigen Strauß aus Gartendill, Glockenblume, Sonnenbraut und Dahlie ein.

Ganz schön zerzaust! Als hätte der frische Sommerwind durchgeweht, sind Skabiose, Ringelbume, Skimmie, Dahlie und Strohblume arrangiert. Von einem lockeren Gewebe aus Plattährengras werden sie zusammengehalten.

Eingetütet in Kolbenhirse ist die Blütenmischung aus Dahlie, Zinnie und Hortensie. Die Kombination aus frischem Weiß und warmem Orange vereint alle Vorzüge des Sommers in einem Strauß.

Halm an Halm bieten schlanke Gräser einen Schutz für bunte Sommerblüten. Um einen Mix aus Dahlie, Margerite, und Sterndolde springen sie locker und fedrig auf.

Da lacht die Sonne!

Dekoideen für sonnige Zeiten

Sommer, Sonne, Sonnenblume! Korbblütler von klein bis groß, von gelb bis orange sind der schönste Ausdruck der vollerblühten Natur. Als Tischschmuck, kleine Dekoidee oder als liebevolles Mitbringsel kommen sie groß heraus und können eines garantieren: gute Laune auf der ganzen Linie!

Oben links: Schick in Strick. Der Ärmel eines eingelaufenen Pullis macht aus einer einfachen Vase und einer Mischung gelber Korbblütler ein Mitbringsel, das alle Chancen hat, zum Trendsetter zu avancieren.

Oben rechts: So natürlich kann Design sein. Das Bündel Maiskolben, von rustikaler Kordel zusammengehalten, verbirgt Glasröhrchen, die für die Wasserversorgung verantwortlich sind.

Links: Eine üppige Sonnenblume, raffiniert durch eine Bastkugel gesteckt, ist eine echter Hingucker, vor allem im Doppel. Damit die Blüten stabilen Stand haben, sitzen sie in einem Glas mit Steckschaum.

Unten: Festlich und ein bisschen romantisch, auch so können die sonnigen Blüten daherkommen. Als Kuppel gesteckt und mit duftigem Schleierkraut aufgefüllt, krönen Sie jede elegante Tafel.

Wer es ausgefallen mag, kombiniert gelbe Klassiker wie Sonnenblume und Zinnie mit grünen Kastanien, der Großköpfigen Flockenblume und den dekorativen Fruchtständen des Raps.

Strahlende Blütenfarben sorgen im Sommer für Frische, Fröhlichkeit und gute Laune. Da steht leuchtendes Gelb ganz hoch im Kurs. In originellen Sträußen bringt die Farbe der Sonne jetzt Freude auf den Tisch und in die Herzen der Beschenkten.

GUTE LAUNE

mit Sträußen in Sonnengelb

Ein locker gebundener Strauß mit Sonnenaugen als Basis macht sich besonders gut in einer hohen Vase. Erst auf den zweiten Blick entdeckt man den Großen Wiesenknopf und viele kleine Brombeeren, die frech herausstehen.

Oben: Garten-Strohblumen und Fetthenne fügen sich perfekt zu einem kleinen, stehenden Sträußchen zusammen. Die Stängel bekommen eine Ummantelung aus Buchsbaum, die mit grober Kordel fixiert wird. In der flachen Schale werden die Blumen ausreichend mit Wasser versorgt.

Links: Wenn es um gelbe Blüher geht, ist die Sonnenblume der Favorit. Die großen Blüten harmonieren sehr gut mit filigraner Gold-Garbe, Johanniskraut und Co. Für zusätzlichen Pep sorgen Löwenmäulchen in der Höhe und die herabhängenden Früchte des Retamastrauchs.

Outdoor – Blühende Ideen für Balkon und Terrasse

Kreative Ideen für den

Sommer

Sommerlicher Frischekick

Der neue Pflanzen-Look für Balkon und Terrasse

Wenn das Thermometer die Dreißiggradmarke knackt, freut sich jeder über eine Erfrischung. Ein Mix aus limettengrünem Blattschmuck mit weißen und gelben Blüten verwandelt Terrasse und Balkon optisch in eine hitzefreie Zone. Ob im Liegestuhl mit kühler Limonade oder mit den Füßen im Planschbecken, diese grüne Oase verspricht Abkühlung. Da können die heißen Tage kommen!

Links: Comeback für die Dahlie, die sich jetzt mit neuen, klein und kompakt bleibenden Sorten präsentiert. Zusammen mit weißem Wandelröschen, duftendem Thymian und dem hängenden Pfennigkraut oder mit Taubnessel und Segge ist sie in limettengrünen Töpfen ein optisches Highlight.

Oben rechts: So interessant kann ein Kübel mit nur einer Pflanzenart aussehen. Obwohl die Süßkartoffel nichts als grüne Blätter zu bieten hat, wirkt der Topf durch die strukturierenden Rindenstücke alles andere als langweilig. Schon nach kurzer Zeit rankt sich die Pflanze dekorativ um das natürliche Accessoire.

Oben links: Lust auf frisch geerntete Vitamine? Eine Erdbeere mit kleinen roten Früchten klettert im Kübel an einer Rankhilfe empor. Nach unten entfaltet sich Gundermann. Wandelröschen in Weiß und Zitronengelb sorgen für Blütencharme. Im kleineren Kübel daneben wachsen Taubnesseln, gelbe Studentenblumen und blühendes Gras.

Rechts: Kühle Harmonie in Weiß und Grün. Man muss schon genau hinschauen, um zu erkennen, ob hier mehr das zweifarbige Laub der Blattschmuckpflanzen, wie Funkie oder Gundermann, ziert oder der üppige Blütenrausch von Petunie, Löwenmäulchen und Zauberglöckchen.

Gartenkräuter

Genuss für Auge und Küche

Frische Kräuter sind so dekorativ, dass sie es mit manch edel gezüchteter Blüte aufnehmen können. Freuen Sie sich über neue Ideen mit Pflanzen, bei denen auch die inneren Werte zählen.

Foto: Dhoxax – Fotolia.com

Mutiger Strauß-Mix in der Papiertüte. Zu Rosen und Schokokosmeen haben sich Schnittlauch, Katzenminze, Salbei, Rosmarin und Klebschwertel gesellt.

Ganz dekorativ sorgen die Kräutertöpfchen im Korb für Würze beim Kochen. Besonders hübsch: das Kränzchen aus Knoblauch.

Kreative Naturen funktionieren alte Gabeln zu Pflanzenschildern um. Die urige Schale mit Kräuterpotpourri findet auf jedem Balkon das passende Plätzchen.

Eingerahmt von Bergenienblättern faszinieren Katzenminze, Lavendel und roter Basilikum nicht nur die Augen sondern auch die Nase.

Traum vom Süden

Urlaubs-Flair für Balkon und Terrasse

So stillen Sie die Sehnsucht nach dem Süden! Mediterrane Blütenpracht in Terrakottagefäßen sorgt jetzt auch auf Balkon und Terrasse für sonniges Urlaubsfeeling.

Chic in Schale geworfen haben sich hier zwei kleine Zwerg-Oliven. Zusammen mit duftendem Thymian und den orangefarbenen Zinnien bilden sie ein hübsches mediterranes Ensemble.

Bougainvillee
Bougainvillea Cultivar

Punktierte Glockenblume
Campanula punctata

Engelstrompete
Brugmansia Cultivar

Steppen-Salbei
Salvia nemorosa

Orangenbäumchen
Citrus sinensis

Olivenbaum
Olea europaea subsp. europaec

Links: Unter Oliven und Bougainvilleen strecken sich kleine südländisch anmutende Schönheiten zur Sonne. Die Unterpflanzung ist ein farbenfroher Mix aus blauem Salbei, rotgelber Kokardenblume, orangefarbenen Kapkörbchen und blauer Verbene.

Unten: Diese Glocken klingen nach Urlaub! Mit ihren eindrucksvollen Blüten verwandelt die Engelstrompete jede Terrasse in ein blühendes Urlaubsparadies. Glockenblumen, Verbene und gelbe Studentenblume stimmen ein.

Wissens gewusst wert

! Mediterranes Flair entsteht, wenn Sie südländische Blüher mit würzigen Kräutern kombinieren und in hübsch verzierte Terrakottakübel pflanzen. Für Höhe sorgen größere Pflanzen in Stämmchenform wie Wandelröschen, Zitrusbäumchen oder Olive.

! Pflanzen, die in Terrakottatöpfen wachsen, verdunsten zusätzlich über die Topfoberfläche und müssen an heißen Tagen besonders oft gegossen werden. Kübelpflanzen mögen in der Regel keinen Kalk, deshalb bevorzugen sie es, mit Regenwasser gegossen zu werden, statt mit kalkhaltigem Leitungswasser.

! Durch die begrenzte Substratmenge können Pflanzen im Kübel nur geringe Mengen Wasser und Dünger speichern. Häufiges Gießen spült zudem Nährstoffe aus. Kübelpflanzen sollten deshalb vom Beginn der Wachstumsphase an regelmäßig gedüngt werden. Ab Ende August die Nährstoffgabe wieder einstellen, damit die Triebe vor dem Frost aushärten können.

Links: In dem verschnörkelten Gefäß fühlt sich das kleine Orangenbäumchen wie daheim im Süden. Zwischen Mittagsblume, Buntnessel und Thymian leuchten die Früchte besonders kräftig.

Rechts: Pflanzen Sie den Sommer bunt! Die Angelonia blüht blau, das Husarenknöpfchen mischt Gelb hinzu und die Buntnessel setzt rote Akzente. Rosmarin steuert Grün bei und sorgt für mediterranes Aroma.

Die höhengestaffelten eckigen Kübel, gefüllt mit Lakritz-Strohblumen und einem pinkfarbenen MIX aus Bauernorchideen, eignen sich optimal, um verschiedene Bereiche optisch zu trennen.

Die Sonne scheint, die Temperaturen steigen: Das optimale Wetter für eine Auszeit unter freiem Himmel. Auf Balkon und Terrasse sorgen jetzt nicht nur kühle Getränke für Erfrischung, sondern auch üppige Blüten in Pink und Zitrusgelb.

Frischer Blütenmix für Balkon und Terrasse

COOLE SOMMERZEIT

Oben: Schnelle **TISCHDEKO** gefällig? Einfach verschieden große Glasschalen mit Wasser befüllen und anschließend mit Schwimmkerzen und einzelnen Blüten Farbakzente setzen. Gelkugeln aus dem Dekoshop oder vom Floristen sorgen für einen coolen Luftbläscheneffekt.

Unten: Knalliger **KONTRAST:** Zauberglöckchen und Strauchmargeriten in Gelb und Bauernorchideen in Pink laden zum Relaxen ein. Farblich passende Kübel runden das Gesamtbild ab.

SCHIZANTHUS

Der farbenfrohe Blüher für Balkon & Terrasse

An edle Orchideen erinnern die filigranen Blüten von *Schizanthus x wisetonensis*. Deswegen trägt die Pflanzenart aus der Gattung der Spaltblumen auch den deutschen Namen Bauernorchidee. Ursprünglich stammt sie aus den kargen Hochebenen Chiles. Ihre Unempfindlichkeit gegen Hitze und Kälte hat die Kulturform von ihren Vorfahren übernommen. Wenn die Pflanze nach dem ersten Blütenflor Mitte Juni um etwa zwei Drittel zurück geschnitten wird, belohnt sie mit ihrer üppigen Pracht von Frühling bis Herbst. Außerdem sollte die Erde immer leicht feucht sein und Staunässe vermieden werden. Die regelmäßige Zugabe von Flüssigdünger, etwa alle zwei Wochen, versorgt die Bauernorchidee optimal mit Nährstoffen.

Oben: Der pinkfarbene **TOPF** mit Bauernorchideen der Sorte 'Rose bicolor' passt perfekt auf den Sommerpartytisch. Auch nach der Feier hat er einen festen Platz auf der Terrasse.

Links: **SERVIETTEN** lassen sich immer toll in die Tischdekoration integrieren. In eine beschriftete Papierbanderole eingeschlagen und mit einer einzelnen Blüte verziert, zeigen sie jedem Gast ganz stilecht seinen Platz.

Kühles Türkis, leuchtendes Orange und Rot – das sind die Farben für einen unkomplizierten und frischen Mix aus Pflanzen, Gefäßen und Outdoor-Accessoires.

So genießen Sie Balkon und Terrasse

Schöne Stunden unter freiem Himmel

Wenn die Sonne ihre Strahlen vom Himmel schickt, heißt es ab nach draußen und den Sonnenschirm aufgespannt. Wir zeigen Ihnen, mit welchen Pflanzen und Accessoires Ihre Terrasse zum Paradies wird.

Links: Transparente Rosenkugeln aus orangefarbenem Glas werden in den Kübeln zwischen die Pflanzen gesteckt und setzen leuchtende Akzente.

Rechts: Kübel mit Gräsern schaffen Kontraste und bringen Abwechslung in die blühende Bepflanzung aus gelb-weißen Zinnien und roten Begonien.

Unten: Die Stufen zur Terrasse säumen unterschiedlich hohe Kübel. Petunien, Begonien, Sonnenhut und Dahlien bringen die dezenten Gefäße zum Strahlen.

Unten rechts: Ein gelb-weißer Blütenmix kommt in dekorativen Drahtkörben gut zur Geltung. Die eigentlichen Pflanzgefäße werden mit Moos kaschiert.

Blütenfülle in Rosarot! Hortensien, Begonien und Wandelröschen, dazu Glockenblumen, die wie weiße Sahnetupfen dazwischen sitzen, sorgen für einen romantischen Blickfang auf jedem Balkon.

Blütenromanze

Balkon und Terrasse im Nostalgielook

Auf dieser Terrasse scheint die Zeit stehengeblieben zu sein. Niedliche Blümchen in Rosa, Pink und Weiß quellen aus Kübeln und Kästen, die den Charme antiker Metalltöpfe verbreiten. Gönnen Sie sich eine kleine Auszeit vom modernen Alltag.

Oben: Auch auf dem kleinsten Tisch ist Platz für eine kleine Blütenromanze. Eine weiße gefüllte Glockenblume im Zinktopf verzaubert jede kurze Pause.

Oben: Ein Korb im Shabby-Look ist das einzige Accessoire, das Sie für den Blick durch die rosarote Brille brauchen. Einfach einen Blütenmix in Rosa und Weiß mit Begonien, Geranien, Wandelröschen und Hortensien einpflanzen. Darüber schwebt weißes Schleierkraut.

Rechts: Edel und aristokratisch wirkt das Rosenhochstämmchen, dem Geranien und Oleander zu Füßen liegen. Begleitet wird die Kübelpflanze von einer grünen Funkie. Ein Topf-Duo, das jedem Sitzplatz romantisches Flair verleiht.

Gewagter Farbmix mit Leuchtkraft: Vor dem dunklen Laub der Begonie strahlen die Blüten in Orange besonders schön. Im hohen Kübel rankt eine rote Knollenbegonie und Edellieschen sorgen neben Purpurglöckchen für interessante Kontraste.

Ein faszinierendes Blütenmeer, das gibt es auch in schattigen Lagen. Es kommt nur auf die richtigen Pflanzen an. Wir zeigen Ihnen blühende Kombinationen, die auch ohne pralle Sonne groß rauskommen.

Stars im Schatten

Strahlender Auftritt für leuchtende Blüten

Raffiniertes Duo Eine bunte Mischung aus Fuchsie, zweifarbigem Löwenmäulchen und rötlichem Federborstengras bringt im orangefarbenen Kübel Feuer ins Spiel. Daneben erinnert die Pracht einer Begonie an die Glut eines Lagerfeuers.

Farbfeuerwerk Begonien und Fleißige Lieschen, die besonders gut im Schatten gedeihen, gibt es jetzt auch in frischen knalligen Farben von Orange über Rot bis zu Pink. Accessoires und bunte Gefäße unterstützen die Wirkung.

Trio in Rot Die große Begonie mit dem dunklen Blattwerk, die kleine leuchtende Eisbegonie und die dekorative rote Buntnessel mit ihren schönen Blättern sind ein perfektes Team, das Farbe auch an dunklere Plätze zaubert.

Country Sommer

So blüht die Terrasse im Landhauslook

Lust auf Landleben? Mit fröhlichen Blüten in strahlendem Gelb und leuchtendem Rot holen Sie sich die Natur direkt ans Haus.

Links: Mit den richtigen Zutaten gelingt die Mischung für den Countrylook überall. Warmes Rot und leuchtendes Gelb finden sich in den Accessoires von den Kissen bis zu den Pflanzkübeln wieder und natürlich bei der Bepflanzung: Ein Strauch gelbe Margeriten und rote Geranien zum Beispiel sind typisch für den Stil.

Oben links: Die Farbe macht's! Bei dem rustikalen Topftrio ist ein Kübel ganz in Rot, einer in Orange und einer in Gelb bepflanzt. Eine Kombination, die Power garantiert.

Oben rechts: Ein Korb voller Blüten ist schnell mal an ein anderes Plätzchen gerückt. Nemesie und Petunien kommen gerne mit an ein sonniges Ruheplätzchen.

Rechts: Ranken, wie die Schwarzäugige Susanne im vorderen hohen Kübel, sorgen für einen lässigen Bauerngartenlook. Im niedrigen Gefäß behaupten sich Klassiker wie Wandelröschen neben Buntnessel, Strohblume und Nemesien. Hinten rankt Gundermann vor leuchtenden Wandelröschen in die Tiefe.

Weiße Blütenpracht für den angesagten Landhaus-Look

Lust auf Landhaus-Chic? Mit weißen Blüten und frischem Grün in Kombination mit rustikalen Accessoires holen Sie sich den Country-Style auf Balkon und Terrasse. Jetzt kann der Sommer kommen!

Körbeweise Sommerlust! Das versprechen die weißen Blüten der Strauchmargerite in den beiden vorderen Gefäßen sowie von Petunie und Schmucklilie im großen Korb. Ergänzt wird das strahlende Ensemble von grünen Blattschönheiten.

Oben: Auch auf der Fensterbank machen die weißen Blüten eine gute Figur. Margerite, Gundermann und Glockenblume lassen es sich nicht zweimal sagen und schmücken den Henkelkorb im sommerlichen Mix.

Unten: Mit etwas weißer Farbe verpassen Sie einer alten Holzkiste ganz einfach ländlichen Shabby-Chic. Eine üppige Bepflanzung aus Petunie, Taubnessel, Präriekerze und Lakritz-Strohblume wird darin zum Blickfang.

Unten: Überragend! An einer eisernen Rankhilfe im Landhausstil klettert die Prunkwinde empor und bildet den Höhepunkt des pflanzlichen Trios. Die Körbe in verschiedenen Größen runden den Country-Look ab.

Mein Sonnendeck

Ein Paradies in strahlendem Gelb

Im Sommer verbringt man gerne jede freie Minute auf dem Balkon. Zum Relaxen, mit Freunden oder einfach nur, um das tolle Wetter zu genießen. Mit diesen strahlenden Pflanzideen locken Sie die Sonne garantiert!

Gelbe Akzente holen den Sommer auf den Balkon. Die große Sonnenhutstaude gibt den Ton an, und Husarenknopf, Mittagsgold, Begonien sowie weiße Staudennelken folgen. Wenn das mal nicht für gute Laune sorgt …

Unten: Eigentlich sind Mittagsgold, Husarenknopf und Sternauge einzeln schon hübsch anzusehen. Manchmal macht's aber einfach die Mischung. Die silbrigen Blätter setzen raffinierte Akzente zum Gelb der Blüten. Für dieses Trio sollte der farblich abgestimmte Blumentof dann auch gerne etwas größer ausfallen.

Links: Im hinteren Topf stehen die weißen Blüten des Wandelröschens im Kontrast zum dunklen Laub der Eisbegonie. Dazu gesellen sich die Garten-Chrysanthemen und der Husarenknopf in fröhlichem Gelb. In einem kleineren Topf genießt die gleichfarbige Knollenbegonie ungeteilte Aufmerksamkeit.

Links oben: Für ein farbiges Wechselspiel im Balkonkasten sorgen Wandelröschen und Eisbegonien in Weiß sowie Husarenknopf und Mauerpfeffer in Gelb. Der farblich passende Balkonkasten mit Bewässerungssystem bietet den Blumen stets die nötige Wasserversorgung.

Links unten: Das Mädchenauge überzeugt mit üppigem Grün und gelben Blüten. Die prall gefüllten, unifarbenenen Kübel stehen im Duo für doppelte Frische. Sie tragen Kränzchen aus Rinde, die mit Draht in der Erde befestigt wurden.

Blütenromantik für den Schatten

Viva la Fuchsia!

Sie bezaubern uns mit ihren grazilen kelchförmigen Blüten. Gefüllt oder ungefüllt, ein- oder mehrfarbig, in zartem Rosé oder leuchtenden Rot- und Lilatönen – Fuchsien sind blühende Highlights auf Balkon und Terrasse. Und das Beste an ihnen: Sie gedeihen oftmals auch im Schatten.

Ein wahres Prachtexemplar: Die üppige Fuchsie mit gefüllter Mitte und rosa-weißem Röckchen – so die Bezeichnung für die zurückspringenden Kronblütenblätter. Sie wirkt am besten als wohl platzierter Solitär, der alle Blicke auf sich zieht.

Ein Hauch Romantik umweht den Balkon mit diesem bepflanzten Kasten. Zwei verschiedene Fuchsien verbreiten zwischen Schneeflockenblume, Fleißigem Lieschen, Begonie und Mottenkönig märchenhaftes Flair.

Oben: In einem Korb lässt die rosafarbene Fuchsie triste Wände erblühen. Ihre Begleiter für den wildromantischen Rankenlook sind Gundermann, Winden und eine weiße Knollenbegonie.

Rechts: Dass diese Fuchsie in elegantem Pink schon zu den älteren Damen zählt, verrät der dicke, holzige Stamm. Zum Überwintern bevorzugt die Pflanze eine kühlen Wintergarten oder einen Keller mit genug Licht. Dann erfreut sie über Jahre immer wieder mit ihrer nostalgischen Blütenfülle.

Fuchsia 'Betty'

Fuchsia 'Impr. Rosella'

Fuchsia 'Carlotta'

Fuchsia 'Violette'

Fuchsia 'Gene'

Fotos: Kientzler (5)

Der Duft des Südens

Mediterrane Pflanzen für Ihr grünes Paradies

Genießen Sie den Sommer auf Balkonien und träumen Sie vom sonnigen Süden und seinen köstlichen Düften. Aber lassen Sie die Augen dabei offen, sonst sehen Sie die schönen mediterranen Pflanzen nicht.

Wenn es ein passendes Winterquartier bekommt, gedeiht das Mandarinenbäumchen auch in unseren Breitengraden. Unterpflanzen Sie es attraktiv mit Thymian, Salbei und Rosmarin.

Unten: Ein kleiner Kräutergarten verzaubert mit seinem Aroma und ist auch beim Kochen stets zur Stelle. Eine kleine Olivenpflanze, Thymian und Oregano gedeihen zwischen dekorativen Kugeln.

Oben: Der üppig blühende Schopflavendel ist ein Genuss für Auge und Nase! Modern soll's trotzdem wirken? Pflanzen Sie ihn in einen grauen Kübel, dessen Rand mit Vierecken aus Teerpappe verziert ist.

Oben: Das Land, wo die Zitronen blühen, ist gleich auf Ihrer Terrasse. Unterpflanzt mit Lavendel und mit einer Wurzel dekoriert, lässt das Bäumchen italienisches Flair aufkommen, auch in Hamburg oder Köln.

Durch die rosarote Brille

Think pink! Mit der Gute-Laune-Farbe locken Sie die Sonne auch an trüben Sommertagen hinter den Wolken hervor. Und auf Balkon und Terrasse herrscht Ferienstimmung pur.

Oben: Rosa und Romantik – das gehört zusammen. In den Abendstunden sorgt Kerzenlicht deshalb für die perfekte Sommernachtsinszenierung. Besonders gut geeignet sind Teelichthalter auf einem Erdspieß, die man immer wieder anders in Kübeln und Beeten arrangieren kann.

Oben: Im Kübelduo wuseln pinkfarbene Blüten mit weißen Akzenten. Hinten blüht Cuphea, im vorderen Topf zweifarbige Fleißige Lieschen. Zu beiden gesellt sich der weiß-grüne Mottenkönig. Als Doppel oder in kleinen Gruppen wirken sommerliche Arrangements immer besonders eindrucksvoll.

Linke Seite: Bei so viel Farben-Power dürfen die Gefäße ruhig eine geradlinige Form und eine unauffällige Farbe haben, wie hier die verschiedenen Kübel in Grau. Um so mehr leuchten die kräftigen Blüten, wie die von Fleißigen Lieschen oder Hortensien und Cuphea. Höhengestaffelt auf einer Treppe, kommen die rosafarbenen Schönheiten besonders zur Geltung.

Rechts: Rosarote Blütenwolken in einem Topf: Der schlichte Zinkkübel beherbergt einfache und gefüllte Fleißige Lieschen, Hortensien und Rosen. Die Ranken der Mühlenbeckie setzen verspielte Akzente.

Aus Alt mach neu!

So werden einfache Tontöpfe zu tollen Hinguckern

Oft stehen sie in allen erdenklichen Größen gestapelt in der hintersten Ecke des Kellers. Nicht stylisch genug für den Gebrauch und zu schade, um sie zu entsorgen. Dabei sind Tontöpfe vielseitig einsetzbar. Mit etwas Fantasie und ein paar Handgriffen entstehen im Nu raffinierte Higlights für Garten und Balkon. Hängend, stehend oder gestapelt, wir zeigen Ihnen wie's geht.

Aus einem schlichten Blumenkübel und ein paar kleineren Tontöpfen lässt sich ganz einfach ein Sichtschutz zaubern. Auf Knöterich-Stäben gewinnen sie an Höhe und die Auswahl der bunten Sommerblumen bestimmt die Dichte.

Petunien, Eisenkraut und Studentenblumen machen sich in dieser außergewöhnlichen Blumenampel bestens in den Töpfen, die zuvor mit Kordeln und Aststücken durch die Bodenlöcher miteinander verbunden wurden. Wie Glocken wirken kleinere Versionen die kopfüber angebunden werden.

Oben: Bauen Sie sich doch aus unterschiedlich großen Tontöpfen einen mehrstöckigen Blumenturm in fröhlich bunten Farben. Holzstäbe helfen, die Gefäße zu fixieren.

Oben: Ist Ihnen ein Malheur passiert? Kein Problem, denn Tonscherben müssen nicht direkt in den Müll wandern. Mit Papierwickeldraht an den Rand eines großen Blumentopfes gebunden, sind sie ein toller Rahmen für Glockenblumen und Schopflavendel.

Foto: mathom - Fotolia.com

Herbstfest – Von Blätterideen bis Früchtetische

Kreative Ideen für den

Herbst

Links: Klein aber fein! Zierobst schmückt die gerollten Leinenservietten, die von rot-weißen Bändern zusammengehalten werden. Damit sie nicht abrutschen, werden die Früchte einfach hinten mit einem Messer eingeschnitten.

Reiche Ernte: Im ländlichen Korb bilden rote Äpfel den Mittelpunkt auf der gedeckten Tafel. Über ihnen blühen bunte Gartenblumen, die in wassergefüllten Glasröhrchen lange frisch bleiben.

Wenn im Herbst die Äpfel reifen, kommen stilechte Dekorationen mit den rotwangigen Früchten auf den Tisch. Die sind nicht nur ein toller Blickfang, sondern machen auch richtig Appetit!

Zum Anbeißen!

Knackige Tischdeko mit Äpfeln

Oben: Bitte zugreifen – die leckeren Äpfel dürfen ruhig vernascht werden! Nur die süßen Tischkarten aus Ton- und Pergamentpapier, die mit Kordel und Perlen daran gebunden wurden, sind nicht zum Verzehr geeignet.

Oben links: So kommt garantiert Herbststimmung auf! Im großen Glasgefäß erstrahlt der duftende Früchtemix in festlichem Glanz. Gleichzeitig gibt er der weißen Stumpenkerze Stand.

Links: Fruchtiger Halt für Dahlie und Gräser. Das Glasröhrchen versorgt die Pflanzen mit Wasser. Am einfachsten gelingt die Blitzdeko, wenn Sie das Loch mit einem Kerngehäuseausstecher vorbohren.

Fotos: amiet - Fotolia.com (1), Harald Lange - Fotolia.com (1)

Rundum festlich

Tische für besondere Stunden

Zu manchen Anlässen sitzt man gerne in festlicher Runde zusammen. Herbstliche Rottöne, runde Formen und liebevolle Details bei der Tischdekoration sorgen dafür, dass der Tag unvergesslich schön wird.

Kugelrund! Verschieden große Blütenbälle auf Steckschaumbasis wirken besonders üppig und festlich! Wenn das keine runde Sache ist!

Ein blühender Gruß an jedem Platz zeigt den Gästen, wo für sie serviert wird. Dazu werden Namensschildchen an Chiffonband geklebt, das gemeinsam mit einer Blüte an einem Löffel befestigt wird.

Oben: Ein toller Blickfang in der Tafelmitte! Runde Gestecke aus Chrysanthemen, Nelken, Hortensien oder Rosen wurden in Zinktöpfchen gesetzt und auf einem großen Teller mit Efeuranken verbunden.

Links: Ein eleganter Bandmix setzt der Leinenserviette Glanzlichter auf. Eine Rosenknospe und ein Wollziestblatt nehmen das florale Thema der festlichen Tischdekoration noch einmal auf.

Rechts: Eine einzelne Rosenblüte begrüßt jeden Gast ganz persönlich. Mit Mühlenbeckia-Ranken wird sie in einen Serviettenring gesteckt. Damit die Rose für die Dauer des Festes frisch bleibt, wird die Schnittstelle vorher in flüssiges Wachs getaucht.

Reiche Ernte

Schmücken Sie den Tisch mit Früchten der Natur

Jetzt bittet die Natur zu Tisch! Und liefert uns gleich alles, was wir brauchen, um eine einladende Tafel zu decken. Begeistern Sie Ihre Gäste mit Dekorationen aus Ähren, Mais und den allerschönsten Herbstblüten.

Unten: Kerzenschmuck a la nature. Die Maiskolben werden oben und unten angeschnitten. Große Teelichthalter mit Dorn, die von unten umgekehrt in den Mais gesteckt werden, geben Halt. Oben drauf leuchten die gleichen Exemplare in Klein.

Links: In der Tischmitte fallen dicht an dicht gesteckte Ähren als Basis für die leuchtenden Sonnenblumen ins Auge. Passend dazu wird auch die Serviette von Ähren umringt.

Oben: Ein bunter Mix aus Ziermaiskolben, Dahlien, Trommelschlägeln und Sonnenblumen steht im Mittelpunkt der Herbsttafel. Als Serviettenschmuck wird ein Papp-ring mit Maiskörnern beklebt.

Rechts: Herbstliche Blitzidee. Zwei Gläser werden ineinandergestellt und der Zwischenraum mit Ähren ausgefüllt. Im inneren Glas leuchtet eine Stumpenkerze.

Tafelfreuden

Moderner Look für eine festliche Tischdekoration. Die letzten reifen Früchte und üppige Blüten leuchten in Rosa und Violett. Begrüßen Sie Ihre Gäste im Herbst ganz edel!

Porzellan, Gläser und Besteck sind gradlinig und modern. Passend zu diesem Look sind auch die traditionellen herbstlichen Blüten und Früchte zu ganz schlichten runden Formen gesteckt. Mit einem Teelicht in der Mitte entstehen stimmungsvolle Effekte in der Dämmerung.

Oben rechts: Minitörtchen, in Szene gesetzt auf kleinen Tellern mit Fuß. Eine festliche Idee für besondere Anlässe! Rosen und Trauben spielen die Hauptrolle bei den Gestecken, die mit Furnier umwickelt sind.

Unten rechts: Die rechteckige Form wird durch das Furnier und die Filzbänder betont – das mögen Designpuristen. In dem Gesteck begeistern Hortensien, Skabiosen, Disteln und Trauben.

Unten: Zweckentfremdet: Wo sonst Salz und Pfeffer der Tafel Würze geben, leuchten jetzt Schwimmkerzen, eingebettet in farbig passendes Granulat. Im dritten Töpfchen blüht es bunt.

Stilechte Geschenke fürs Weinfest

Blühende Auslese

Duftende Weintrauben, stimmungsvolles Kerzenlicht und ein aromatisches Tröpfchen – beim Weinfest ist Genuss für alle Sinne garantiert! Blühende Mitbringsel sind das passende Dankeschön für den Gastgeber.

Fruchtiges Mitbringsel zum Naschen: In der mit buntem Weinlaub umhüllten Schale werden Trauben dekorativ in Szene gesetzt. Mit doppelseitigem Klebeband gelingt's ganz leicht.

Was läge als Gastgeschenk näher als ein guter Wein? Die Flaschenhälse sind mit herbstlichen Blüten und Früchten verziert, farbiges Stoff- oder Filzband ergänzt die natürliche Dekoration.

Ob auf dem Tisch oder an der Wand – der mit edlen Blüten und Korken besteckte Holzkranz mit Steckschaumfüllung macht immer eine gute Figur und ist ein tolles Geschenk für die Weinparty!

Ein zum Anlass passendes Präsent ist auch das herbstliche Gesteck mit einer Basis aus Weinblättern und trockenen Zweigen. Wirkungsvoll überragt wird das Ganze von einer Dahlienblüte und Hagebutten in leuchtendem Rot.

Fotos: Sedlacek - Fotolia.com (1), Thomas Renz - Fotolia.com (1)

Windzerzaust umspielen flauschige Clematisranken und die leuchtenden Früchte der Lampionblume den kompakt gebundenen Strauß aus Chrysanthemen und Hagebutten.

Blumensträuße sind Unikate: Keiner gleicht dem anderen. Im Herbst sorgen neben Chrysanthemen, Dahlien und Co. auch bunte Blätter und allerlei dekorative Früchte für knallige Farbexplosionen.

Herbststräuße

Farbenfroh und fruchtig

Rechts: Kontrastreich! Der edle Strauß mit bordeauxfarbenen Dahlien im Fokus erhält durch gelbe Zierquitten, wilde Weinbeeren und Haselnuss den perfekten Herbst-Look.

Unten: Der Stehstrauß ist ein echter Blickfang. Im Gerüst aus Pfaffenhütchenzweigen wird's mit Zierquitten, Hagebutten, Chrysanthemen und Fuchsschwanz richtig bunt.

Buntes Laub nimmt das warme Rot der Hagebutten wieder auf. Mit Rosen, Chrysanthemen und Laternenlilien sind sie in einen Kranz aus trockenen Gräsern gebunden.

Fotos: niceday - Fotolia.com (1), Bozena Fulawka - Fotolia.com (1), fotozick - Fotolia.com (1)

Leuchtende Lampions

Die schönsten Dekorationen mit Physalis

Wenn die Früchte der Lampionblumen ihre Farbe wechseln und sich von hellem Grün in strahlendes Orange verfärben, ist der Herbst nicht mehr weit. Dann erwecken die laternenartigen Fruchtstände unsere Fantasie und inspirieren uns zu einzigartigen Gestaltungen.

Links: Was für ein Eyecatcher! Ein Kranz wird dicht an dicht mit Lampionblumenfrüchten besteckt und mit Hornveilchen in Pink und Weiß werden Akzente gesetzt. Während der Kranz dekorativ eintrocknen kann, halten wassergefüllte Röhrchen die Blüten frisch.

Oben rechts: Wie kleine Laternen baumeln die Physalisfrüchte an langen Gräsern, die als Manschette den Strauß aus Rosen, Chrysanthemen und Dahlien umgeben.

Oben links: Der Herbst schwingt sich zum blühenden Finale auf und vereint Hortensien, Rosen, Chrysanthemen, Hagebutten und Physalis zu einem üppigen Strauß. Über die nostalgische Vase aus Bauernsilber ranken Olivenzweige.

Rechts: Achtung Hochstapler! Die aufgeschichteten Lampionblumenfrüchte verhelfen einer kleinen Schale mit den letzten Sommerblumen zum großen Auftritt. Die beste Aussicht verschafft eine schlichte Glasvase.

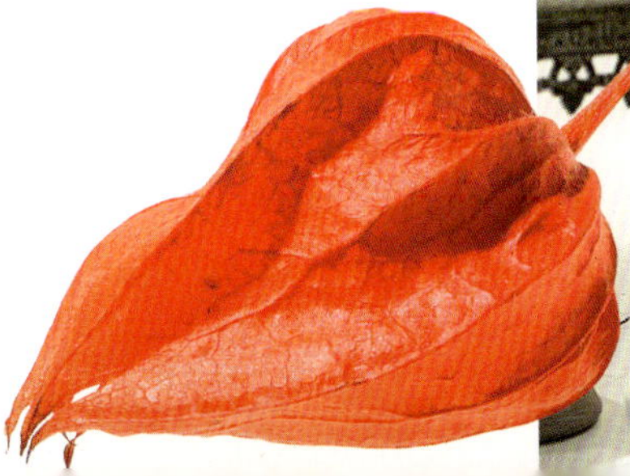

Herbstliche Stillleben

So holen Sie sich die Natur ins Haus

Die Natur malt die schönsten Bilder! Entdecken Sie beim Herbstspaziergang ihre Schönheit, werden Sie zum Sammler und arrangieren Sie in den eigenen vier Wänden die mitgebrachten Schmuckstücke zu traumhaften Stillleben.

Links: Ein farbenfrohes Topftrio. Zierquitten, Sanddorn und Hagebutten bilden die fruchtige Füllung. Kahle Äste sind mit Filzband an die Gefäße gebunden und an den Zweigspitzen buntes Herbstlaub aufgespießt.

Oben links: Schöner Rahmen für die Stumpernkerzen. In Gelb- und Orangetönen werden sie gruppiert in eine Schale gestellt und ein dicht gewickelter Kranz aus verschiedenen Hagebutten einfach drum herumgelegt.

Oben rechts: Ein buntes Herbstsammelsurium entsteht, wenn man Gläser mit allerlei Sammelstücken aus der Natur füllt. Blätter, Beeren, Zapfen – erlaubt ist, was gefällt. Besonders schön sind Gläser mit unterschiedlichen Formen.

Rechts: Warum nicht mal Omas alte Schätzchen aus dem Schrank holen? Zusammnengestellt und mit Beeren und Blüten in Orangetönen gefüllt, kommen die Einzelstücke zu ganz neuen Ehren.

Buntes Blätterkleid

Herbstliche Laubsträuße zum Verschenken

Passend zur Saison hüllen sich leuchtende Blüten jetzt in ein farbenfrohes Blätterkleid. Lassen Sie sich inspirieren und überraschen Sie Ihre Lieben mit raffinierten Laubsträußen!

Foto: drubig-photo - Fotolia.com

Bunte Mischung: Storchschnabel-Laub, Chrysanthemen, Laternenlilien, Rosen und Hagebutten zeigen sich in der herbstlichen Manschette in ihrer ganzen Farbenpracht und sorgen so garantiert für gute Laune beim Empfänger.

Wie kleine Sonnen wirken hellgelbe Ginkgo-Blätter zusammen mit Sonnenblumen in dem prallen Strauß und bringen den Beschenkten zum Strahlen. Zweierlei Hagebutten setzen dazu rote Akzente.

Für Romantiker: Filigran tänzeln einzelne Waldhortensienblätter über den Rand des bordeauxroten Arrangements aus Heidekraut und prächtigen Blüten – sie scheinen regelrecht in der Luft zu schweben.

Gebündelte Blattstiele ragen frech zwischen roten Zinnien, orangefarbenen Chrysanthemen und dunklen Beeren hervor und sind so ein echter Hingucker in dem farbenfrohen Strauß.

Wissens gewusst wert

Im Herbst erstrahlen Laubbäume in Rot, Gelb und Orange. Ursache für die typische Färbung der Blätter ist der Abbau des grünen Farbstoffs Chlorophyll kurz vor dem Laubfall. Denn dann werden jene Farben sichtbar, die zuvor von dem intensiven Grün verdeckt wurden und erst später abgebaut werden.

Nordamerika ist bekannt für den „Indian Summer". Während dieser trockenen und warmen Zeit zeigen sich die Laubwälder in Neuengland und Kanada in einer leuchtenden Farbenpracht, die so in Europa nicht zu finden ist. Vor allem der dort typische Ahorn färbt sich beeindruckend intensiv scharlachrot.

Laub eignet sich prima zum Basteln! Am schönsten wird's, wenn Sie Blätter in verschiedenen Farben und Formen sammeln und sie mit Blüten, Beeren und anderen herbstlichen Früchten kombinieren. Das sieht nicht nur im Strauß toll aus, sondern zum Beispiel auch in einer natürlich-bunten Girlande!

Wenn die Blätter fallen ...

... bindet der Herbst die schönsten Sträuße

Beim Waldspaziergang raschelt das Laub unter den Füßen, es ist Herbst! Mit raffinierten Formen und leuchtenden Farben machen Blätter auch in Sträußen eine gute Figur.

Oben rechts: Attraktiv geformte Blätter sorgen für üppige Fülle zwischen Sonnenblumen, Dahlien, Rosen, Äpfelchen und Chrysanthemen – als wäre der Strauß im herbstlichen Garten gepflückt.

Links: Gezackte Weinblätter bilden eine leuchtend rote Manschette, die Blüten und Früchte in warmen Farben umrahmt: Sonnenblumen, Fetthenne, Dahlie, Zieräpfel und Lampionblumenfrüchte sind dabei.

Unten: Goldgelb leuchtet der Strauß aus Dahlien, Chrysanthemen und Dill, um die ein Kragen aus Tulpenbaumblättern liegt. Ein warmer Akzent für schöne Herbststunden!

Wissens gewusst wert

! Warum werden Blätter bunt? Das Chlorophyll in den Zellen färbt die Blätter grün. Scheint die Sonne weniger, verschwindet es und die Bäume leuchten statt dessen rot und gelb.

! Zum Trocknen schöne Herbstblätter glatt zwischen Küchenpapier oder Zeitungen legen und mit Büchern beschweren. Nach einigen Tagen kann man sie weiter verarbeiten.

! Besonders attraktiv zum Basteln und Dekorieren ist das Laub von Ahorn, Eiche, Gingko oder Platane.

Oben: Um Hortensie, Dahlie, Rudbeckie, Hagebutte und Fetthenne legt sich ein raffinierter Schal aus aufgefädelten Blättern.

Raffinierter Blattschmuck

Im Herbst setzt die Natur noch einmal zum farbenfrohen Finale an – mit Laub in leuchtenden Tönen von Gelb bis Rot. Schaffen Sie sich eine stimmungsvolle Atmosphäre in den eigenen vier Wänden und kreieren Sie originellen Blattschmuck.

Die mit Laub beklebten Gefäße verleihen den leuchtend gelben Gerbera den für diese Jahreszeit typischen natürlichen Charme, ohne ihnen die Show zu stehlen. Zarte Zweige und feiner Draht bilden eine verspielte Manschette.

Die Heide wirkt, als wäre sie vom Wind mit natürlichem Schmuck überzogen worden. Tatsächlich ist aber das Gefäß mit bunten Blättern beklebt. Zusätzlich tänzeln ein paar einzelne Exemplare an Zierdraht.

Originelle Verpackung: Die bunten Blüten aus Ahornblättern sind ein echter Blickfang und peppen jede noch so schlichte Geschenkdose auf. Zum Verschnüren eignet sich rustikale Kordel.

Tischlein deck' dich! Zum gemütlichen Abend passt eine kreisrunde Tischdecke aus den farblich changierenden Blättern des Perückenstrauchs perfekt. Da kommt garantiert herbstliche Stimmung auf!

Für die außergewöhnlichen Kunstwerke wird farbenfrohes Laub auf Stäbe gefädelt. Chrysanthemenblüten bilden die gelben Spitzen, Füße aus Bambus verleihen festen Stand.

Es ist Heidezeit!

Nicht nur auf weiten Feldern sind Heidepflanzen ein Hingucker. Ob als Tisch- oder Raumdekoration: Mit ihren dichten Blütentrauben in Weiß, Hellgrün, Rosa oder Pink bilden sie den Mittelpunkt für den romantischen Landhaus-Look zu Hause.

Töpfe im Shabby-Chic sind die perfekte Basis für die Bepflanzung mit weißer Erika. Apfel und Ziergurken verleihen eine ländliche Note. Letztere finden sich auch an den Manschetten aus Filz und Spitze wieder.

Links: Passend zum Service erwartet den Gast ein blühender Gruß. Dafür wird eine Dahlie mit Erika ummantelt. Serviette und Zieräpfel setzen knallgrüne Akzente.

Unten links: Auch die Kerze wird dem Thema entsprechend verziert. Ein einfacher Kranz aus Erika reicht aus, damit die Lichtquelle zur restlichen Deko passt.

Unten: Auf dem gedeckten Tisch steht der Blumenschmuck aus weißer Erika, Calluna und pinkfarbenen Dahlien im Fokus. Alle weiteren Accessoires, wie Äpfel, Ziergurken und Kerzen, stimmen farblich mit ein.

Tipp

Die Tischdekoration für den romantischen Landhausstil gelingt ganz einfach. Denn die Grundtöne dafür geben die Heidepflanzen selbst vor: Grün und Weiß überwiegen, für Farbe sorgen Blumen und Accessoires in Pink und Rosa. Der Höhepunkt auf der langen Tafel ist ein üppiges Gesteck aus verschiedenen Blüten. Mit farblich passenden Äpfeln oder Ziergurken setzen Sie gekonnt kleine Akzente, die sich harmonisch in das Gesamtbild einfügen.

Fotos: Azerca

Erika, der Herbst ist da!

Jetzt kommt Heide ganz groß raus

Hochsaison für Erika und Besenheide! Wo man auch hinschaut, schmückt das blühende Kraut jetzt Vorgärten, Balkonkästen oder Kübel. Doch die Heidegewächse können noch viel mehr. Schauen Sie selbst und lassen Sie sich einfach inspirieren.

Genießen Sie die letzten warmen Sonnenstrahlen mit Gästen an einer langen Tafel unter freiem Himmel. Ob Besenheide oder Erika, beide sind in schlichten Tontöpfen eine einfache aber wirkungsvolle Tischdekoration.

Oben. Besenheide exotisch. Mit der Schale der Sapucajanuss bekommt das Kraut ein originelles Pflanzgefäß und wird so für eine zeitlang sogar zum Hingucker im Haus. Aufgespießte Früchte verleihen die herbstliche Note.

Unten: Die lustigen Wichtel sind auch schon vor Halloween ein origineller Schmuck. Für die Hüte einfach Steckschaum oder Zeitungspapier mit Besenheide und Draht umwickeln und mit einem Spieß im Kürbis fixieren.

Diese Bäume machen denen im Garten echte Konkurrenz. Und wie ihre großen Vorbilder haben sie auch schon ihr buntes Herbstkleid angezogen. Es entsteht, wenn man unterschiedliche Heidesorten Schicht für Schicht kopfüber um einen Holzstab wickelt.

Fotos: Azerca

Wiesn-Zeit

Bayerische Gaudi mit Heidekraut

Feiern Sie Ihr eigenes Oktoberfest – mit Dirndl, Brezen und Weizenbier gelingt das auch „dahoam“ ganz leicht! Heidekraut setzt dazu blühende Akzente und vervollständigt den Bayern-Stil.

Oans, zwoa, g'suffa! Passend zu den rustikalen **Humpen** kommt die weiße Dahlie in einer Bierflasche da her. Diese wurde mit einer Manschette aus Heidekraut sowie blauem und weißem Band stilecht verziert.

Ganz links: Fürs „Spatzl“ gibt's zum Volksfest einen blühenden **Herzensgruß!** Als Basis für das liebevolle Gesteck dient Steckschaum, auf dem Eriken und Callunen mit Draht fixiert werden.

Ob Dirndl oder Lederhose – zur feschen **Tracht** dürfen die passenden Schuhe nicht fehlen! Auch weiße Callunen haben sich jetzt schick in Schale geworfen und sorgen beim Fest für bayerisches Flair.

Oben: Im ländlichen Korb oder im Moostopf mit rot-weiß karierter Schleife – beim Anblick der blütenreichen Tischdeko schmeckt die deftige **Brotzeit** gleich noch mal so gut. Na dann: „An Guadn!"

Fotos: Azerca

Wer zum größten Volksfest der Welt nicht in München weilt, feiert einfach zuhause. Mit Brezn, Bier und einer zünftigen Deko fühlen sich Gaumen und Auge fast wie im Zelt – selbst dann, wenn Sie die Maß in Hamburg stemmen.

O'zapf is!

Tischdeko im Wiesn-Style

Links: Nicht nur die fesche Maid im Dirndl kommt im weiß-blauen Look daher, sondern auch die Tischdeko. Mit Steckschaumwürfeln, ein paar Blüten und kariertem Band werden aus Bierflaschen und Teelichtern originelle Kerzenleuchter.

Rechts: Zeit für eine Brezn! Und die schmeckt nicht nur lecker, sondern ist auch noch dekorativ. Mit einem Spieß wird das typische Gebäck einfach in kleine Blumengestecke gepiekst.

Unten. Knackiger Radi darf bei der Brotzeit freilich nicht fehlen. Dieser ist aus weißem Steckschaum geschnitzt und schlingt sich spiralenförmig um die weiß-blaue Blütenmischung.

Berwin & Wolff (1)

Unten: Noch a Maß, bittschön! Garantiert promillefrei ist diese Deko mit gefärbtem Wasser und einer Blume aus weißem Steckschaum, durch die die Blüten eingestellt werden. Überraschungseffekt garantiert!

Erntedank

Die schönsten Ideen für ein fröhliches Fest

Die Scheunen sind voll, die Ernte ist eingefahren: Jetzt ist Zeit zu feiern. Sie laden Freunde und Familie ein, wir zeigen Ihnen die Dekoration dazu – natürlich mit den Früchten des Feldes.

Links: Warum die klassischen Erntesträuße mit Ähren, Dahlien und Sonnenblumen nicht einfach mal in rustikale Einmachgläser stellen?

Unten: Gerstenähren setzen strahlende Akzente. Sie sind mithilfe von Gummibändern um Gläser gesteckt und mit bunten Bändern umwickelt. Granulat und Teelicht ins Glas – fertig!

Links: Gefüllte Früchte. Ausgehöhlt, mit etwas Steckschaum versehen und mit spätsommerlichen Blüten bestückt, werden kleine Kürbisse zu originellen Vasen. Eine Manschette aus dicker Wolle unterstützt die fröhlich-unkomplizierte Wirkung.

Rechts: Eine moderne Form der Erntekrone. Aus fertigen Weidekränzen mit Bündeln von Hafer und Hopfen sowie bunten Bändern ist der dekorative Schmuck schnell gemacht. Eine Zier für jedes Scheunenfest.

Unten: Willkommensgruß für die Gäste. Diese originellen Getreidestecken verraten schon vor der Tür, dass hier gefeiert wird. Dafür werden Hafer, Lampionblumen und Hagebutten um einen Ast gebunden und mit kleinen Zierkürbissen geschmückt.

ALLES KÜRBIS

Gerade zu Halloween kennen wir die Riesenbeere hauptsächlich mit beleuchteten, fiesen Fratzen. Wir zeigen Ihnen das herbstliche Multitalent von einer anderen Seite und wie Sie es ganz einfach mit bunten Blüten und Früchten in Szene setzen können.

Oben links: Egal ob drinnen oder draußen, die blassgelbe Frucht im Glas überzeugt als innovativer Kerzenständer. Etwas Granulat und zarte Ranken verleihen den letzten Schliff.

Links: Herbstliches Trio! Auf einem länglichen Tablett reihen sich drei unterschiedliche Exemplare aneinander. Gefüllt sind sie mit Chrysanthemen, Zierfrüchten, Lampionblumen und Laub.

Oben mittig: Der Patisson-Kürbis besticht schon allein durch seine ausgefallene Form. Gefüllt mit Dahlien, Hagebutten und Schneeball, zieht er alle Blicke auf sich.

Oben rechts: Geschickt eingewickelt! Der herbstliche Blütenmix aus Sonnenblumen, Zinnien, Skabiosen und Chrysanthemen wird mit bunten Kordeln dekorativ im Zaum gehalten.

An Lampionblumen und Pfaffenhütchen kommt man in dieser Jahreszeit genauso wenig vorbei, wie an der strahlenden Riesenbeere. Sie leuchtet mit den violetten Chrysanthemen um die Wette.

Pralle Ideen rund um die Riesenbeere

Allerlei Kürbis

So haben Sie den orangefarbenen Riesen noch nie gesehen! Statt mit bösen Fratzen Angst und Schrecken zu verbreiten, zeigt er sich dieses Jahr von seiner romantischen Seite.

Lichtblicke an trüben Herbstabenden garantiert das Prachtstück, bei dem Kerzenlicht durch runde Löcher schimmert. Der Rand ist ganz lieblich mit Bändern und Perlen verziert.

Oben: Verspielte Zier für den Kürbis. Reifen aus Hortensien, Hagebutten und Märchenwolle schmücken die üppige Schönheit.

Oben rechts: Ausgehöhlt wird der Patissonkürbis zur Straußmanschette und rahmt die Blütenmischung aus Dahlie, Rose, Mutterkraut und Dill.

Links: Mit seiner ausgefallenen Flaschenform zieht dieses Exemplar alle Blicke auf sich. Zweimal durchgeschnitten und mit bunten Blüten und den Fruchtständen der Clematis geschmückt, ist er ein echter Hingucker.

Foto: Eleden - Fotolia.com (1)

Holen Sie sich Heide ins Haus!

Farbpower

Nur für Draußen sind sie viel zu schade: Mit Besenheide und Erika kommt der Herbst jetzt auch in Ihre vier Wände. Unkonventionell verbreiten sie ihre sprühende Energie in allen Räumen des Hauses. Kombinieren Sie munter mit!

Auffällig geschmückt wird der kräftig orangefarbene Kürbis mit einem Kranz aus Erika, Hagebutten und dekorativ gewickeltem Aludraht.

Links: Die Früchte der Lampionblume, Hagebutten und Jungfer im Grünen rahmen die Erika ein, die in einem Wachsgefäß sitzt. Das bringt auch ins Badezimmer eine Spur Natur.

Unten links: Das Herzgesteck aus roter Besenheide, Seidenpflanzen und Hortensien ist nicht nur für Romantiker eine liebevolle Dekorationsidee. Vielleicht eine ganz besondere Überraschung für ein Geburtstagskind im Herbst?

Unten rechts: Gewagter Frischekick für klassische Besenheide. Kombinieren Sie die Topfpflanzen mit Accessoires in knalligem Orange: Bänder, Holzspäne und die Früchte der Lampionblume sorgen für kräftige Kontraste.

Wissenswert gewusst

! Besenheide, *Calluna vulgaris*, gehört zur Familie der Heidekrautgewächse und blüht von Juli bis in den Herbst Weiß, Rosa oder Purpurrot. Die Knospenblüher unter ihnen vertragen auch Frost.

! Erika, *Erica*, blüht von Juli bis Oktober in Weiß, Rosa, Rot oder Lila. Da sich die Blüten knospen der ca. 800 Arten öffnen, sind sie weniger winterhart.

! Auch wenn sie typisch für unseren Herbst ist: Die Heimat der Erika ist Südafrika, von wo sie im 18. Jahrhundert über England nach Deutschland kam.

Fotos: Azerca

Der Herbst treibt's bunt!

Im Herbst zeigt die Natur noch mal, was sie kann! Blüten und Früchte zünden ein wahres Farbfeuerwerk. Kombinieren Sie Kürbisse mit Dahlien und setzen Sie den leuchtenden Tönen mit passenden Accessoires die Krone auf. Die kräftigen Farben sind voller Energie!

Das Quartett ist nett! Bunte Gläser werden mit Wollresten umwickelt, Kürbisse verwandeln sich in Kerzenhalter und Rosen und Fuchsschwanz sorgen für florale Akzente. Steckschaum hält die Blüten frisch, so haben Sie lange 'was vom bunten Blühspaß!

Gefüllter Kürbis, das ist nicht nur 'was für Feinschmecker! Chrysanthemen, Dahlien, Zinnien und Fuchsschwanz sind ein Leckerbissen für die Augen. Vor dem Füllen die Frucht aushöhlen, mit Folie auslegen und feuchten Frischblumensteckschaum einsetzen.

Die Blitzidee beweist: Gewagte Farben sorgen für gute Laune. Mini-Zierkürbisse in Orange, Gelb und Grün leuchten mit dem grellen Pink des kleinen Gewächshauses um die Wette. Das funktioniert auch mit bunten Körben oder Schalen!

Das ist **herbstliche Leuchtkraft** pur! Zwischen lässigen Halmen von Gräsern blühen Dahlien, Zinnien und Gerbera in einem Glastopf, in dem Frischblumensteckschaum von Granulat verdeckt wird. Eine fröhliche Kombination zum orangefarbenen Kürbis, der einfach darauf gelegt wird.

Foto: ARTENS - Fotolia.com

Outdoor – Der Garten im Herbst

Kreative Ideen für den

Herbst

So natürlich wie die Früchte des Herbstes wirkt der Korb mit Johanniskraut, Dahlie, Purpurglöckchen, Goldlack, Chrysantheme, Stiefmütterchen und Segge.

Großes Finale

Jetzt Balkon und Terrasse genießen

Noch einmal die wärmenden Sonnenstrahlen spüren, in duftender Erde wühlen und die leuchtenden Rottöne der Herbstpflanzen genießen, das ist Natur pur! Schwelgen Sie mit uns im Blütenfinale rund ums Haus!

Links: Begeisterndes Trio! Hinten sind Segge, Dahlie, Houttuynie, Wolfsmilch und Purpurglöckchen gepflanzt, davor bieten zwei verschiedene Purpurglöckchen einen Ruhepunkt. Im Korb versprühen Goldlack, Zierpaprika, Mädchenauge, Purpurglöckchen und Stiefmütterchen ihr Feuer.

Rechts: Hier lässt man sich gerne nieder, um noch mal Sonne zu tanken. Im großen Steinkübel wachsen Thymian, Zierpaprika, Fetthenne, Kalmus und Mädchenauge. Im kleinen treffen Purpurglöckchen, Mauerpfeffer, Chrysantheme, Stiefmütterchen und Houttuynie aufeinander.

Oben: Der Korb voller Herbstglück findet überall ein Plätzchen. Die Mischung aus Mädchenauge, Lampenputzergras, Chrysantheme und Purpurglöckchen lässt auch graue Ecken leuchten.

Links: So viel Rot wärmt das Herz, auch wenn die Temperaturen sinken. Im hinteren Kübel sind Zierpaprika, Johanniskraut, Houttuynie, Stiefmütterchen und Chrysantheme vereint. Vorne fasziniert das rotlaubige Purpurglöckchen.

Willkommen im Herbst!

Jetzt schmückt Erika die Terrasse

Die Sonne einfangen! Ein geschütztes Plätzchen mit einem gemütlichen Sessel und einer Decke gegen kühlen Wind machen es möglich. Und wenn die Sommerblumen schon verblüht sind, setzen Terrakotta-Gefäße mit leuchtenden Erika-Pflanzen farbige Akzente.

Auch der Herbst hat seine schönen Tage – und die will man noch draußen verbringen. Leuchtende Erika gehört dazu, wenn man die letzten Sonnenstunden auf Balkon und Terrasse voller Blütenpracht auskosten möchte.

Das Trio aus rustikalen Körben ziert ein Treppengeländer. Gefüllt ist es mit Blattschmuckpflanzen und Erika. Auch wenn die Temperaturen sinken, sind die Drei ein schöner Blickfang auf der Terrasse oder am Hauseingang.

Fotos: Azerca (4)

Oben: So kommt der Hanging Basket gut in den Herbst! Verspielt wächst Efeu an der Ampel herunter, purpurrot leuchtet die Erika. Da lassen sich die letzten warmen Nachmittage genießen.

Unten: Farbpower pur strahlt das Duo aus geradlinigen orangefarbenen Töpfen, gefüllt mit Erika, aus. Das auffällige Violett wiederholt sich in den Bändern, die um die Gefäße gewickelt sind.

Foto: Malena und Philipp K. - Fotolia.com

Nikolaus, Advent und Weihnachten

Kreative Ideen für den

Winter

Nikolaus

Die schönsten Ideen für den 6. Dezember

Der heilige Mann hat seinen Besuch angekündigt? Dann heißen Sie ihn doch mit einer Tischdekoration willkommen, die ihm sicher schmeichelt. Dann zaubert er bestimmt Geschenke für alle aus dem Sack.

Jetzt blüht dem Nikolaus was! Die traditionellen Mützen sind aus Filz und Watte ausgeschnitten, um kleine Flaschen gelegt und eine passende Hülle für Nelken.

Links: Der Stiefel aus Tonpapier verrät, wessen Glas gefüllt wird. Freches Türkis und leuchtendes Orange sorgen für frischen Wind auf dem Tisch.

Rechts: Blumen für die Hauptperson. Ein kunterbunter Mix aus Nelken und Gerbera versteckt sich hinter einem roten Stiefel aus Pappe und Zeitungspapier.

Links: Leider gibt's auch für die Gäste eine kleine Rute – aus Heidelbeergrün mit buntem Filz und Bändern auf jedem Teller. Als dekorative Mahnung, die dem heiligen Mann keiner übel nimmt.

Rechts: Er ist einfach ein süßer Kerl, erst recht, wenn er sich entblättert hat. Solange ist der Schokomann stilecht in eine rote Leinenserviette gehüllt, als Überraschung für große und kleine Gäste.

Kreative Nikolaus-Überraschungen schnell gebastelt

Ein süßer Kerl

Da werden selbst gestandene Frauen schwach: Blitzschnell wird dem süßen Kerl sein roter Mantel vom Leib gerissen. Nur Ruhe! Das glitzernde Gewand kann mehr, als die verlockenden Kurven eines Schokonikolauses zu verhüllen!

Wenn das keine Überraschung ist! In seiner ganzen Pracht präsentiert sich der Nikolaus in einem Säckchen aus Lederresten, das außerdem noch mit allerhand anderen Leckereien, Tannengrün und Zieräpfeln gefüllt ist.

Links: Haben Sie vielleicht Feuer? Wer eine Streichholzschachtel, beklebt mit Schokopapier und mit Tannenzweig und Band verziert, sein Eigen nennt, den bringt diese Frage nicht in Verlegenheit.

Rechts: Das Konterfei des heiligen Mannes macht aus einer einfachen Stumpenkerze eine nette Nikolausüberraschung. Und ein paar Schokokugeln dürfen auch gern dabei sein.

Rechts: Der verführerische Knabe zeigt Britta, wo's lang geht. Mit Sprühkleber auf simplen kleinen Tontöpfen befestigt, avanciert er zur witzigen Tischkarte.

Bald ist NIKOLAUS da!

Egal, wie eisig der Wind auch weht und wie hoch der Schnee auch liegt: Der heilige Mann bahnt sich seinen Weg, um kleinen und großen Kinder eine Überraschung zu bereiten. Ganz sicher kennen auch Sie jemanden, der sich über einen Gruß vom Nikolaus freut!

Zum Wohl! Große Kinder sagen zu einem winterlichen Likörchen bestimmt nicht nein. Die roten Mützen in typischen Formen sind aus Filz mit weißem Garn schnell genäht und bestickt.

Nachwuchs Was später einmal ein großer Nikolaus werden will, beginnt seine Laufbahn als Geschenkewichtel aus Pinienzapfen, der sich mit Bart und Nase aus Filz und einer gestreiften Mütze in Schale schmeißt.

Rechts: **Santa Claus** Der amerikanische Kollege reist ja bekanntlich durch den Kamin an. Dort empfängt ihn der selbstgenähte Stiefel, gefüllt mit Naschwerk und einem winterlichen Beerenzweig.

Unten: **Frostempfindlich** In Santas Mantel hält's die Rebhuhnbeerenpflanze auch bei Minusgraden draußen aus. Das Outfit ist aus dicken Wollsträngen und schwarzen Filzkugeln um einen bauchigen Topf gewickelt.

Unten rechts: **Platzwächter** Damit Knecht Ruprecht selbst nach dem Genuss von reichlich Glühwein noch seinen Platz findent, hält ein verkleideter Zuckerhut Wache. Der Name des Gastes steht auf der kleinen Christbaumkugel.

Wissens gewusst wert

! Der Bischof Nikolaus von Myra in Kleinasien, der etwa 280 bis 350 nach Christus lebte, wird am 6. Dezember geehrt. Er ist der Schutzpatron der Kinder.

! Schon im 15. Jahrhundert entstand der Brauch, Kindern in der Nacht vor dem Ehrentag des heiligen Nikolaus heimlich kleine Geschenke zu bringen.

! Während der Nikolaus früher im Bischofsornat mit Mitra und Stab daherkam, trägt er heute oft ein rotes Gewand, genau wie sein amerikanischer Kollege Santa Claus, der mit einem Sack voller Geschenke am Weihnachtsmorgen durch den Kamin rutscht.

Adventskränze ganz natürlich

Winterwald

Schauen Sie sich mal draußen um: Mit Zapfen, Kiefern- oder Tannenzweigen und Farben, die die Natur im Winter zu bieten hat, wird der Advent zur besonderen Wohlfühlzeit!

Links: Die Zutaten für das Gesteck finden Sie fast alle beim Spaziergang. Kiefernzweige und -nadeln, Moos und Spindelstrauch gehören dazu. Holzsterne, Dekopilze und moosgrüne Kerzen gibt es leider nicht in freier Natur.

Oben links: Die Kombination aus Moos- und Rindenkranz mit Zweigen gibt dem Adventskranz Waldbodenflair. Matte Kugeln in Gold- und Grüntönen sorgen zusätzlich für festlichen Schimmer.

Oben rechts: Dieses Exemplar will hoch hinaus. Dabei helfen Kiefern- und Feuerdornzweige als Stützen. Oben ist der Kranz mit Moos abgedeckt und mit matten braunen Kerzen bestückt.

Rechts: Nussknackers Lieblingsstück ist über und über mit Haselnüssen bestückt und mit einer Manschette aus Bienenwachs und einem Metallstern gekrönt. Am schönsten mit dunkelbraunen Kerzen!

Kerzenschein zieht ein

Advent, Advent

Zapfen, Kugeln, Äpfel und Wintergrün gehören zur Vorweihnachtszeit einfach dazu. Im Adventskalender, Kranz oder Gesteck setzen Sie sie jetzt ins rechte (Kerzen-)Licht!

Keine Vorweihnachtszeit ohne Adventskranz! Als Basis dient ein mit winterlicher Scheinzypresse ummantelter Strohrömer, den roter Filz, Christbaumschmuck, Zapfen und Apfelscheiben zieren.

Links: Ein Stern für dich! In dem originellen Adventskalender spielt die leuchtend rote Poinsettie die Hauptrolle. Darunter baumeln 24 kleine Geschenke am hohen Korb und warten darauf, geöffnet zu werden.

Oben: Weihnachtliches Quartett! Duftende Äpfel, rote Stumpenkerzen und Wintergrün finden mithilfe von Draht oder Holzstäben in Steckschaum Halt. Die Gefäße und das Tablett sind mit dekorativem Filzband umwickelt.

Foto: Stars for Europe (1)

Besonders stimmungsvoll wird's an dunklen Wintertagen mit dem verzierten Windlicht, das von einem dunkelgrünen Kranz eingerahmt wird. Schimmernde Kugeln und karierte Stoffblüten greifen den Rotton wieder auf.

Advent im ganzen Haus

Fröhliche Dekoideen für die Vorweihnachtszeit

Jetzt werden Kinderträume wahr, Träume von Vorfreude, süßem Zuckerwerk, Kerzenschein, vielen Überraschungen und gemeinsamen Stunden in der Weihnachtsbäckerei. Tag für Tag verwandelt sich das Haus mehr in eine bunte Winterwunderwelt in frischem Rot und zartem Rosa.

Ein Adventskranz? Hier sind es ganz viele! Um das große Exemplar aus Buchsbaum und die roten Stumpenkerzen sind mehrere wollumwickelte Drahtringe gelegt. Ein echtes Familienstück wird es, wenn jeder ein Kränzchen wickeln darf.

Oben: Wie wär's mit einem Minibaum fürs Kinderzimmer oder als Geschenk? Die kleine Zuckerhutfichte wird mit einem bunt dekorierten Strohrömer herausgeputzt. Am besten den Kranz auflegen, bevor das Bäumchen in den rosafarbenen Eimer gestellt wird.

Oben links: Der Nikolaus war da! Seine Mütze hat er wohl an der Tür vergessen. Dort wird sie, dekorativ gefüllt mit Eibe, Zieräpfeln und Holzsternen zur netten Überraschung. Damit alles gut hält, ist die Kopfbedeckung mit Trockensteckschaum versehen.

Links: Herzlich Willkommen! Der große Filzfliegenpilz und seine kleinen Geschwister verheißen jedem Besucher fröhliche Advents- stimmung. Sie sitzen in einem Ring, der mit Konifere und rotem Band umwickelt wurde.

Wer darf heute naschen? An einer Lichterkette hängen 24 Tüten aus Tonpapier, mit weißer Spitze verziert. In jeder verstecken sich süße Überraschungen.

DEKOIDEEN FÜR GROSS UND KLEIN

Adventskalender, Plätzchenduft und Kerzenschein wecken ganz sicher die Vorfreude aufs Fest mit Akzenten in raffiniertem Lila.

SCHOKO-STERNTALER

Zutaten: tiefgekühlter Blätterteig, Alpenmilch-Schokolade (z. B. Milka), 1 Eigelb, Puderzucker zum Bestreuen

Zubereitung: Blätterteig auftauen lassen, ausrollen und mit weihnachtlichen Förmchen die Plätzchen ausstechen. Ein Stück Schokolade zwischen zwei Plätzchen legen. Die Ränder der Sterne mit Eigelb bestreichen und vorsichtig festdrücken. Im auf 180 °C vorgeheizten Ofen etwa 10 Minuten backen und nach dem Abkühlen mit Puderzucker bestreuen.

Fotos: Milka/Kraft Foods (2)

Oben: Für die, die's nicht mehr erwarten können, gibt es vorab schon mal einen Minibaum. Dafür werden auf einem Steckschaumkegel Filzzacken, Spiegelbeeren und kleine Zweige festgesteckt.

Rechts: Ein Adventskranz gehört dazu. Wer es ausgefallen liebt, entscheidet sich dieses Jahr vielleicht für ein Exemplar mit farbintensiven Kerzen und Kugeln, Orchideenblüten und Fruchtständen.

Links: Kerzenlicht verbreitet garantiert Adventsstimmung. Machen Sie den Kerzenständer doch mal selbst aus Steckschaum, Filz- und Bandresten, Tannenzweigen, Spielgelbeeren und passenden Holzsternen. Die dicke Stumpenkerze steht auf einem Kerzenteller, sollte aber sicherheitshalber nicht ganz runterbrennen.

Die Wochen vor Weihnachten sind am schönsten, wenn man sie täglich mit einer Überraschung genießt. Unsere Adventskalender in zarten Farben begeistern auch Erwachsene: beim Gestalten und Füllen, als außergewöhnliche Dekoration und natürlich jeden Morgen beim Auspacken!

24 kleine Freuden

Adventskalender aus der eigenen Werkstatt

Links: Die pastellfarbenen Kuschelhandschuhe an der Leiter wärmen auch das Herz. Der dekorative Blickfang im Wohnzimmer hält 24 Überraschungen bereit und ist aus Filz schnell zugeschnitten und genäht.

Rechts: So sind Sie im Bilde! In einem dekorativen alten Rahmen sind mit duftigem Chiffonband goldene Glocken aus zartschmelzender Schokolade und gefüllte transparente Kugeln befestigt. Dazwischen hängen einzelne Christrosen in Glasröhrchen

Unten: Blitzende Häuschen beherbergen für jeden Tag ein kleines Geschenk. Das niedliche verschneite Bergdorf hat eine Vergangenheit als Konservendosen. Mit Dächern und Tannen aus Ton- und Pergamentpapier lassen sie eine kleine Winterwelt lebendig werden.

Die neuesten Ideen für Adventskranz & Co.

Licht im Advent

Das leise Knistern einer Flamme und sanft flackerndes Licht: Kerzen machen diese Zeit erst richtig stimmungsvoll! Neue Ideen, wie Sie in fröhlich verspieltem Look Atmosphäre zaubern können, finden Sie hier.

Fröhlicher Reigen für die Vorweihnachtszeit: Efeu, Wacholder, Scheinbeere und Kerzen wachsen aus bunten Töpfen. Süße Pastelltöne und klassisches Rot halten alles optisch zusammen.

Oben: Vier rote Kerzen erhellen die Zeit bis zum Fest. Sie sitzen in einem mit Efeu bepflanzten Korbkranz, dekoriert mit kindlichen Pilzen und Bändermix.

Links: Die weiße Stumpenkerze taucht den Adventskaffee in stimmungsvolles Licht. Hagebutten, Zapfen, gemixte Bänder und ein Lebkuchenherz aus Filz putzen sie heraus.

Oben: Zwei Stabkerzen wollen hoch hinaus. Und das wirkt auf Steckschaumpyramiden, umwickelt von Buchsbaum und Wolle, ganz schön trendy – vor allem, wenn Pastelltöne im Spiel sind.

Kunterbunte Weihnachten

So fröhlich liebt's die ganze Familie

Statt klassischer Looks und traditioneller Töne dürfen dieses Jahr mal die Lieblingsfarben der Kinder den Advent und das Fest schmücken. Denn auch mit Lila, Pink und Blau wird's richtig festlich!

Glanz und Glitter und viele bunte Farben machen den Adventskranz zu einem Hingucker. Auf dem Prachtstück aus Moos sorgen lilafarbene Zapfen und Kerzen, bunter Draht und Sterne für Furore.

Links: Ganz schön crazy! Ein Baumstamm mit lilafarbenem Anstrich wird zum Kerzenständer. Kunterbunte Kugeln und ein Nikolaus werden ganz einfach an den aufgelegten Mooskranz geknotet.

So gelingt der Stil

- Seien Sie mutig! Alle kräftigen Farben harmonieren bei diesem Look.
- Sorgen Sie mit Moos, Tannengrün und ähnlichem für eine Basis, die Ruhe in den Farbzauber bringt.
- Lassen Sie's glänzen und glitzern. So wird der Stil richtig festlich.

Links: Die Mooskugel eintsteht aus Steckschaum, in den ein Loch für ein Wassergefäß geschnitten wurde. Darin bleiben die Amaryllisblüten lange frisch. Bunte Sterne sorgen für die richtigen Akzente.

Rechts: Dieses Jahr wird auch der Weihnachtsbaum kunterbunt. Zum Mix aus Kugeln und Sternen passt auch Selbstgebasteltes aus der Schule und dem Kindergarten. Auf diesen Baum sind alle stolz.

Schöner Schein

Stimmungsvolle Kerzenideen

Ihr Licht macht jeden grauen Nachmittag gemütlich, jede triste Ecke stimmungsvoll und jeden gedeckten Tisch zur Festtagstafel. Wir zeigen Ihnen die schönsten Ideen zum Dekorieren und Verschenken.

Da leuchten nicht nur die Augen des Beschenkten! Eine runde Pappbox wird mit weihnachtlichen Accessoires beklebt, darauf kommt ein Mooskranz mit Kerzen. Vor dem Auspacken auspusten!

Diese Kerzenidee wirkt auch toll als Tischdekoration. Als Basis dient ein Steckschaumwürfel, der mit Wolle und Band umwickelt und mit Eibengrün und bunten Pompons besteckt wurde.

Linke Seite: Die Kerzenidee aus Nähgarnrollen ist etwas für Handarbeitsfans mit Humor. Dafür wurden die Rollen mit Dekosternen und grünen Kränzchen beklebt und die Kerzenhalter durchgesteckt. Zur Sicherheit alles mit Heißkleber fixieren.

Rechts: Diese kleinen Bäumchen dürfen schon vor Heiligabend leuchten. Kegel aus Steckschaum sind mit Koniferengrün und Kordeln umwickelt, darauf wurden Kerzenhalter befestigt und mit Weihnachtsbaumkerzen bestückt.

Wissens gewusst wert

! Damit Kerzen nicht rußen, tropfen oder einseitig abbrennen, unbedingt Zugluft vermeiden. Bei dicken Kerzen sollte vor dem Löschen das Wachs im Brennteller einmal ganz flüssig geworden sein, sonst brennen sie hohl ab und die Flamme wird klein.

! Wenn kein Wachs auslaufen soll, den Kerzenrand nicht beschädigen. Ist er doch zu hoch geworden, Kerze löschen und den Rand im warmen Zustand abschneiden.

! Zum Löschen den Docht in das flüssige Wachs tauchen und gleich wieder aufrichten, dann raucht er nicht nach und die Kerze lässt sich beim nächsten Mal leichter anzünden.

Mein Weihnachtsbaum

Ganz natürlich geschmückt

Sie mögen's traditionell? Dann schmücken Sie Ihren Tannenbaum in diesem Jahr doch in zeitloser Eleganz! Mit brennenden Kerzen, glänzenden Kugeln in warmen Farbtönen und selbst gemachten Sternen aus natürlichen Materialien gelingt der Stil ganz leicht.

Oben links: Sterne aus Bienenwachs sehen nicht nur wunderschön aus, sondern duften auch herrlich. Mit Plätzchenausstechern sind die festlichen Anhänger schnell gemacht.

Oben: Ein absoluter Weihnachtsklassiker sind Strohsterne, die gleichzeitig als Symbol für die Krippe und den Stern von Bethlehem stehen.

Oben: Natur pur! Die Sterne aus rustikaler Rinde, die mit grober Kordel am Ast befestigt werden, sind ein toller Blickfang am liebevoll geschmückten Tannenbaum.

Beim festlichen Baumschmuck steht in diesem Jahr Natürlichkeit ganz hoch im Kurs! Warme Grüntöne harmonieren dabei mit den Tannennadeln, Gold- und Brauntöne mit den Ästen.

So gelingt der STIL

Einen originellen Kontrast zu edlen Weihnachtskugeln setzen Sie mit verschiedenen Sternen aus natürlichen Materialien wie Baumrinde, Bienenwachs und Stroh. Damit's trotzdem harmonisch bleibt, wählen Sie matte und glänzende Kugeln in warmen Gold-, Erd- und Grüntönen. Statt einer Lichterkette runden echte Kerzen den traditionellen Stil ab und lassen Ihren Baum in goldenem Glanz erstrahlen.

Gletscherblau, Türkis und ganz viel Gold und Silber – da würde sich die Schneekönigin wohlfühlen. Baum und Tafel in diesem Look garantieren festliche Stunden.

Endlich Weihnachten!

Glanzvoller Schmuck für die Festtage

Wie in einem Schloss aus glitzerndem Eis und vielen Lichtern – so lässt sich das Weihnachtsfest genießen. Lassen Sie sich mit den passenden Dekorationen in eine Märchenwelt entführen.

Im Palast der Schneekönigin

Sterne in kühlem Blau sind ganz schnell auf festliche Leinenservietten gebunden. Damit's noch ein wenig festlicher wird, einfach ein Stückchen Tannenzweig dazustecken!

Eine Winterlandschaft en miniature heißt jeden Gast willkommen. Aus Eisgranulat, Wattekugeln, Spiegelbeeren und Tanne entsteht die Märchenwelt in einer Kunststoffkugel.

Königlicher Schmuck am Christbaum! Kopierte Familienfotos bekommen einen Rahmen aus metallisch glitzerndem Papier. So wird der Baum zum persönlichen Unikat!

Das trägt die Tanne in dieser Saison

Am Weihnachts-baume

Die schönsten Feste sind lila! Das findet auch der klassische Weihnachtsbaum und legt in diesem Jahr ein Festtagskleid in der angesagten Trendfarbe an. Sie werden sehen: Das gelingt auch Bastelanfängern im Handumdrehen!

Sternstunden für lila Laune. Einfach zwei Tonpapiersterne in verschiedenen Farbtönen übereinanderkleben. Ein aufgeklebter Goldstern und Muster oder Text, mit goldener Farbe geschrieben, sorgen für festlichen Glanz am Weihnachtsbaum.

Oben: In letzter Minute, bevor das Glöckchen klingelt, lassen sich einfarbigen Kugeln Highlights aufsetzen. Mit Heißkleber Punkte oder Streifen aufmalen und anschließend mit Glitzer bestreuen.

Rechts: Aus Mini-Tontöpfen werden Glöckchen in der Trendfarbe. Einfach anstreichen, mit Goldstift beschriften und mit Draht vergoldete Zapfen und Seidenpapier befestigen. Auch als Anhänger am Geschenk eine liebevolle Idee.

Links: Laternen, wie wir sie schon im Kindergarten gebastelt haben. Tonpapier in der Mitte falten, Schlitze einschneiden, auseinanderfalten und rund zusammenkleben. In angesagtem Flieder sieht's aus wie neu!

Rechts: Hier war ein Engel zu Gast! Das Flügelpaar aus Tonpapier wird mit zarter Spitze und einem Hauch Engelshaar zum himmlisch schönen Hingucker am Weihnachtsbaum.

Was für ein süßes Mobile schwebt hier über dem gedeckten Tisch! Am goldfarben besprühten Zweig hängen Sterne, an denen köstliche Pralinen befestigt wurden. Wenn das keine Aufforderung zum Naschen ist!

An Weihnachten brechen goldene Zeiten an! Denn wie könnten Sie Ihren Gästen besser zeigen, wie viel Ihnen das gemeinsame Fest bedeutet, als mit einer glänzenden Tafel?

Im Goldrausch

Willkommen an der Festtagstafel

Oben: Bändeln Sie mal an! Bandreste in Weiß und Gold haben wir um Gläser gelegt und diese mit Blüten oder Kerzen gefüllt. Das geht schnell und wirkt prächtig!

Oben rechts: Ein goldenes Lichtermeer entsteht, wenn winzige Tontöpfe mit Schlagmetall veredelt werden. Damit der Rand der eingesetzten Teelichter genauso wertvoll wirkt, ist er mit Samtband beklebt worden.

Rechts: So elegant kann Resteverwertung aussehen! Kleine Stücke von Bändern haben als Serviettenringe nochmal einen tollen Auftritt. Gewürze oder ein Namensschildchen schmücken zusätzlich.

Unten: Geflügelte Boten, die verführen, heißen die Gäste ganz persönlich an jedem Platz willkommen. Für die Blitzidee werden Flügel aus goldfarbenem Tonpapier ausgeschnitten, beschriftet und an einer Praline befestigt.

Fotos: Gaby Zimmermann (2)

Impressum

Foto: Dmitry - Fotolia.com

Herausgeber
BLOOM's GmbH, Ratingen

Floristische Leitung
Klaus Wagener

Floristik und Styling
Team BLOOM's

Konzept
Hella Henckel

Text und Redaktion
Susanne Mansfeld, Karen Meier-Ebert, Laura Schomaker,
Catrin Rötzmeier, Daniela Pahl

Fotos
Patrick Pantze Images GmbH, Lage

Grafik Design
Mandy Schubert, Carolin Hetzel, Daniela Redlich,
Nina Schreiber, Renate Resch-Rüffer

DTP
Britta Baschen, Bettina Münch, Gordian Jenal

Druck
Westermann Druck GmbH, Zwickau

Am Potekamp 6, 40885 Ratingen
T 02102 9644-0, F 02102 896073
E-Mail: info@blooms.de, Internet: www.blooms.de

1. Auflage 2016

ISBN 978-3-945429-48-8